这些工作习惯
阻碍你成功

ZHEXIE GONGZUO XIGUAN
ZUAI NI CHENGGONG

向亚云 蒋 彬 刘 彪◎著

好习惯帮我们冲上事业成功的巅峰，
坏习惯把我们推向工作失败的深渊。

习惯决定行为，行为影响性格，性格改变命运。

中国言实出版社

图书在版编目(CIP)数据

这些工作习惯阻碍你成功/向亚云等著. — 北京:中国言实出版社，2013.4

ISBN 978-7-5171-0104-8

Ⅰ. ①这… Ⅱ. ①向… Ⅲ. ①工作方法—通俗读物 Ⅳ. ①B026—49

中国版本图书馆 CIP 数据核字(2013)第 063561 号

责任编辑:李 生 孙法平

出版发行 中国言实出版社

地 址:北京市朝阳区北苑路 180 号加利大厦 5 号楼 105 室

邮 编:100101

电 话:64966714(发行部) 51147960(邮 购)

64924853(总编室) 56423695(编辑部)

网 址:www.zgyscbs.cn

E-mail:zgyscbs@263.net

经 销 新华书店

印 刷 北京市德美印刷厂

版 次 2013 年 4 月第 1 版 2013 年 4 月第 1 次印刷

规 格 710 毫米×1000 毫米 1/16 15.25 印张

字 数 221 千字

定 价 32.00 元 ISBN 978-7-5171-0104-8

所谓习惯，就是人们在日常生活和工作中以相同的方式，一而再，再而三地从事相同的事情，这样不断重复之后形成的一种固化的、稳定的、不易改变的行为或思想的惯性。

习惯无处不在，无时不在，一天 24 小时都紧跟着我们。比如我们在几点起床，几点吃饭，几点洗脸、刷牙，喜欢吃什么，喜欢穿什么，喜欢什么颜色，我们接触的每一件事物，产生的每一个想法，得出的每一个结论，做出的每一个动作，都是习惯的作用，都受到习惯的支配。据科学家统计，一个人一天的行为中，大约只有 5% 是属于非习惯性的，而剩下的 95% 的行为都是习惯性的，我们所做的绝大部分的事情其实有习惯的烙印，都被习惯支配着，左右着，改变着。

柏拉图说："人是习惯的奴隶。"英国诗人德莱敦说："首先我们养出了习惯，随后习惯养出了我们。"全球畅销书《心灵鸡汤》的作者杰克·坎菲尔德也说过："如果你希望出类拔萃，也希望生活方式与众不同，那么，你必须明白一点——是你的习惯决定着你的未来。"而著名心理学家威廉·詹姆士更有一段阐述习惯的名言："播下一种行为，收获一种习惯；播下一种习惯，收获一种性格；播下一种性格，收获一种命运。"这段话几乎被公认为是习惯和命运的公式，习惯和成功的公式。我们的工作，我们的生活，我们的成功，我们的命运，我们的人生，无不受到习惯的强大影响，时刻被习惯牵着鼻子走。

可见习惯的力量是巨大的，它贯穿着人的一生，伴随着人的一生，影响着人的一生。不论是成还是败，是输还是赢，是失还是得，都由习惯决定，区别只不过在于你养成的是好习惯还是坏习惯。好习惯促进成功，坏习惯制造失败；好习惯是成功的钥匙，坏习惯则是失败的泥淖；好习惯载着我们向成功飞驰，坏习惯却驮着我们滑向失败的深渊……成功的人永远都是那些不断完善自己、不断改掉坏习惯养成好习惯的人。美国的杰·霍吉在他的《习惯的力量》一书中写道:"成功人士并不见得比其他人聪明,但是,好习惯让他们变得更有教养、更有知识、更有能力;成功人士也不一定比普通人更有天赋,但是,好习惯却让他们训练有素、技巧纯熟、准备充分;成功人士不一定比那些不成功者更有决心或更加努力,但是,好习惯却放大了他们的决心和努力,并让他们更有效率、更具条理。"可见习惯决定人生,左右人生,改变人生。一切成功都源于习惯,一切失败也都来自习惯;有好的习惯才有好的命运,有坏的习惯就会有坏的命运;好习惯成就人生,坏习惯阻碍成功。

然而,职场中却不论是谁都会有这样或是那样的坏习惯,并且因为这些而阻碍着成功的步伐。比如不讲诚信、不懂礼仪、推卸责任、逃避问题、不懂规划、不善沟通、不思进取、不懂合作、不顾安全、缺乏自律、懒惰拖沓、马虎大意……很多员工都是因为这些坏习惯而挡住了自己通向卓越的道路,绊住了自己通向成功的脚步,以至于落入平凡甚至平庸的窠臼,永远难以出头!

毫无疑问,要想获得成功的人生,就要改变坏习惯,培养好习惯。只有改掉这些阻碍成功的坏习惯,培养促进成功的好习惯,成功才会属于我们,拥抱我们,陪伴我们。那我们为何不去培养好习惯去除坏习惯呢?何不从自身的习惯着手,从养成一个良好的习惯开始,用好习惯代替坏习惯,推开一切阻碍成功的障碍,向着成功大步向前呢?

所以,改变你的工作习惯吧,从现在开始,从工作开始。当你改掉那些坏习惯,拥有好习惯之后,你就能在自己的舞台上跳出最华美的舞蹈,就能在自己的人生中收获最灿烂的成就,从而收获最成功的人生。

Contents

第三章　不懂礼貌，不重形象——礼仪和形象是成功的敲门砖

礼仪和形象不仅是一个人基本素质的体现，更是成功的敲门砖。不管在任何时候，周到的礼仪和良好的形象都会让你赢得别人的好感，从而赢得更多机遇。一个懂礼仪、重形象的员工，必然会比别人有更多的机会成功。那么，从现在开始，讲究礼仪，改善言行，养成时时注意维护自己形象的习惯吧，因为成功就从你养成的这个习惯开始。

第四章　忽略健康，忽视安全——健康和安全是成功最大的资本

现在有很多员工养成了熬夜加班、连续奋战、玩命工作、不顾危险、不讲安全的坏习惯，还认为为了工作这么做是应该的。而实际上，这种忽略健康、忽视安全的习惯是一种最不利于成功的恶习，因为没有健康和安全，就没有一切，一切都是空的，虚的，转瞬即碎转眼即逝的。如果不能改掉这样的习惯，就永远不会有成功，因为健康和安全是做任何事情的前提，是成功的最大资本。拥有健康和安全才有奋斗的资本，才有实现梦想的机会，才有享受幸福的权利。

第五章　逃避问题，推卸责任——放弃责任就是放弃成功

勇于负责是一种伟大的品格。现实中，责任可以使平凡的人变得伟大，一个充满责任感的人，往往能够创造生活中的奇迹。因此，作为一名员工，无论你的职务大小、地位高低，都应时刻牢记自己的责任。每一份工作都是一份责任，职位越高，责任越大。只有具有高度责任心，勇于负责，任何时候都不推卸责任的人才能把工作做得更完美，才能迎接成功的到来。

第六章　工作杂乱，不讲条理——凡事预则立不预则废

有很多员工习惯了办公桌上一团糟，也习惯了看到什么事就做什么事，东一榔头西一棒子，东打一枪西放一弹，办事情不分前后左右，干工作也不管轻重缓急，从来没有安排，没有计划，每天都在杂乱无章中瞎忙，时间也被轻易地浪费，却毫无成绩，成功更是遥遥无期。更可怕的是，他们甚至没有觉察到这是一种坏习惯，这样的员工当然不能受到成功的青睐。

第七章　心态消极，缺乏主动——天上不会掉成功，成功需要积极主动去争取

拿破仑·希尔说："人与人之间原本只有很小的差异，但是这种很小的差异却导致人的一生迥然不同。这种很小的差异就是你所具备的心态是积极的还是消极的，你的工作是主动的还是被动的，最终的结果就是成功或失败的不同人生结局。"有着消极、被动习惯的人，注定会被成功抛弃。积极主动不仅是平凡和卓越的分水岭，也是员工不断追求卓越的不二法门。

第八章　粗枝大叶，马虎大意——工作"差不多"成功就会"差很多"

认真，它可以让一个普普通通、毫无背景的人脱颖而出，创造出不凡的业绩，而不认真却可以让一个才华横溢、能力过人的人碌碌无为，成为一个被社会淘汰的对象。只有养成认真的习惯，才能提高工作的效能，才能充分展现自己的能力，才能在自己的职业生涯中获得成功！那些粗枝大叶、马虎大意的人，很难成功，因为在他们"差不多"的工作中，成功早已差了太多了！

第九章　办事拖拉，行动迟缓——行动拖拉只会把成功的机会拱手让给别人

凡事有其时，选对了时机，不仅可以趋吉避凶，更可以达到事半功倍的效果；选错了时机，原本是好事也会被拖成坏事情。抓住时机的人和错过时机的人转眼之间就出现了截然不同的人生。只有抓住机会，占得先机，成功才会属于你。而拖拖拉拉、办事迟缓的人，只会任机会悄悄远离，把成功拱手送人。

第十章　不善沟通,不懂合作——团队时代不懂合作就会被成功抛弃

尺有所短,寸有所长,每一个人都有每一个人的长和短。只有携手合作,互补长短,才能达到完美的境界。所以,合作比竞争更重要。现代社会是一充满竞争的社会,但同时也是一个更加需要合作的社会。作为一个现代人,只有学会与别人合作,才能取得更大的成功。不懂得合作的"独行侠",不善于沟通的"默语者",在这样一个高度合作又激烈竞争的时代,是不可能成功的。

第十一章　自由散漫,缺乏自律——不懂得自律的人绝对与成功无缘

人的一生最大的敌人只是自己。那些自由散漫、缺乏自律,不懂得自制自律的人,永远难以成功。只有拥有自律的人才能克制欲望的纷扰,时时观照自己,反省自己,战胜自己,控制自己,抵制诱惑,遵守规则和纪律,自己限制自己,自己约束自己,并因此而做出非凡的成就,收获完美的人生!

第十二章 不爱学习,不思进取——与时俱进才能永远走在成功者之列

很多员工一旦小有成就,就沾沾自喜,停步不前,就想着吃老本,图安逸,不再学习,不思进取。殊不知世界每天都在变化,都在发展,安于现状只会让我们被淘汰、被抛弃。只有那些从不安于现状、从不停下前进的脚步、永远积极进取、永远与时俱进的人,才能一直走在成功者的行列,一直拥抱着成功。

第十三章 有始无终,半途而废——成功永远属于那些坚持到底的人

成功就像一个调皮的孩子,总爱躲在那些曲曲折折的困难和阻碍背后,在那些混乱而复杂的失败和沮丧背后,偷偷地看着。如果你不能战胜那些困难和阻碍,如果你不能逃脱那些失败和沮丧,如果你不能执著于目标,一直坚持、一直努力,一直到最后,成功永远不会现身。所以,千万要改掉有始无终、半途而废的习惯,要养成坚持到底、永不退缩的习惯,因为成功永远只属于那些坚持到底的人。

第十四章 只会苦干，不会巧干——低头拉车更要抬头看路才能获取成功

会办事，事半功倍；不会办事，事倍功半。只会苦干不会巧干也是难以成功的。所以，要想成功，要想把工作干出成绩，不仅需要勤奋、需要努力，需要实干苦干，更需要巧干会干才行。只有养成讲究工作方法，追求工作效率，愿干能干还会干，实干苦干更巧干，既能低头拉车，也会抬头看路，才能真正把工作干到最好，让自己赢得成功。

第十五章 改掉坏习惯，养成好习惯——让你的成功无人可挡

习惯本身无所谓好坏，但不同的习惯却会导致不同的结果：促进好结果的就是好习惯，引发坏结果的自然就是坏习惯。好习惯是促进成功的助力器，而坏习惯却是阻碍成功的绊脚石。因而只有改掉坏习惯，养成好习惯，才能让习惯助力我们的工作，为成功插上腾飞的翅膀，让我们的成功无人能挡！

第一章

行为决定习惯，习惯决定命运——坏习惯是成功最顽固的敌人

哲人说："播下一个行动，收获一种习惯；播下一种习惯，收获一种性格；播下一种性格，收获一种命运。"行为是习惯之源，而习惯是人生之基，它决定成败，决定输赢，决定命运，决定家庭、事业、生活……好习惯是开启成功的钥匙，坏习惯则是成功最顽固的敌人。

1. 思想决定行为，习惯改变命运

习惯是什么？习惯就是因为我们的思想指挥着我们的行动，并在反复的行动中所逐渐形成的一种不易改变的行为。

习惯来源于思想，思想决定行为，行为造就习惯，而习惯会决定命运，有什么样的思考就会有什么样的行动，有什么样的行动就会有什么样的习惯，有什么样的习惯就会有什么样的人生。这其实就是习惯和命运的公式，成功的公式。

美国石油大王保罗·盖帝有个抽烟的习惯，并且抽烟非常厉害，每天3包4包也很常见。抽起来周围就没有人愿意坐在他旁边。

一次，他去法国出差，劳累了一天的他很快进入了梦乡。半夜，他醒了，非常想抽烟，可他的烟已经全抽光了，他穿上衣服刚要去买烟，忽然觉得这种行为很可笑，大半夜起床就为了自己这个讨厌的习惯？我不抽烟难道不行吗？这种有害于健康、而且还会影响到别人的坏习惯，为什么不改掉呢？于是他就又脱下衣服躺下了，并且下定决心一定要改变自己的这个坏习惯，戒除烟瘾。从那天起，他没再抽过一支烟，而且他的生意也越做越大，越做越好，最终成为世界著名的"石油大王"。

其实生活中，习惯无处不在，24小时不间断地跟随着我们。我们每天绝大多数的行为都是出自习惯的支配，比如：我们在几点准时起床，几点吃饭，怎么洗澡、刷牙、上班、下班，喜欢吃什么，喜欢什么样的颜色，看电视看书的时候又喜欢什么样的口味……所有这些都由习惯来统一支配。我们接触的每一件东西，接触的每一件事物，产生的每一个想法，应用的每一个思考方式，得出的每一个结论，做出的每一个动作，都深深地有着自己习惯的烙印，这些习惯都来源于我们的思想，形成于我们的行动，而我们的人生和命运正是由这些习惯所决定。

有这样一个被广为流传的故事：一大型跨国企业，因新增分厂，急需员工。发出招聘通知的两天后，面试就开始了，而面试的场所却被主考官用心设计了一番，他在门口放了一袋垃圾，而垃圾旁边便是垃圾桶，给应聘者坐的椅子放在离主考官四米多远的地方……

当天来面试的人中不乏名牌大学名牌专业的人，可谓是人才济济。而面试的结果却令人匪夷所思，被录取的竟然是个普通大学生！主考官的解释让所有人恍然大悟，同时他的话也值得所有人深思一番，他说："在所有的应聘者中只有他一个人在进来前把那袋垃圾捡起来扔进垃圾箱，也只有他在面试开始前把自己坐的椅子搬到了离我们较近的地方，这就是我们录取他的原因，我想我们还用不起那些自命清高的人。"

而当人们以惊讶的眼神去问那位青年是如何做到这些的时候，他却只是浅浅地一笑，说道："其实也没什么，我只是习惯了。"

"我只是习惯了"。是的，这就是习惯的力量。正是拥有这个工作不分分内分外的好习惯，他才能在众多应聘者当中脱颖而出，最终赢得企业的信赖。

习惯首先来源于你的思想，你想要干什么，才会有什么样的行动，一个行动重复多次，就成了习惯。一个人有了改变自己的想法时，也就能改变自己的行动，只要改变了自己的行动，坏习惯就容易改变了。

一次我骑自行车上街，被三轮车撞倒，路边的人都责怪那个骑三轮车的人违反了交通规则。我爬起来正要发火时，我的想法提醒我："千万不要发火！"接着我便使用起提早准备好的"灭火器"：一边默想"生气是拿别人的错误惩罚自己"，一边让自己的舌头在嘴里转了几圈。这个过程前后不到30秒钟，一肚子火气就全消失了。

习惯决定命运，有好的习惯才会有好的命运，有坏的习惯就会有坏的命运。习惯可以载着我们向成功飞驰，也可能驮着我们滑向失败的深渊，关键是看你养成的是好的习惯还是坏的习惯。所以，树立一个好的思想，指导我们的行动，并形成习惯，相当重要。

心理学巨匠威廉·詹姆士说："播下一个行动，收获一种习惯；播下一种习惯，收获一种性格；播下一种性格，收获一种命运。"这是关于命运的一个长长的链条。人的命运就这样被习惯牵着鼻子走，被行为牵着鼻子走，被思想牵着鼻子走。著名的成功学大师拿破仑·希尔说：我们每个人都受到习惯的束缚，习惯是由一再重复的思想和行为所形成的，因此，只要能够掌握思想，养成正确的习惯，我们就可以掌握自己的命运，而且每个人都可以做到。所以我们必须时刻提醒自己，要改变命运，改变人生，一帆风顺地走向成功，就要改变思想，改变行为，从而改变习惯，改变命运。

2. 习惯具有惊人的力量

一个人的日常活动，90%都在不断地重复原来的动作，在潜意识中转化为程序化的惯性，这些行为在不断地重复中已经成为不必思考的自然动作，这就是习惯。习惯是人们生活中必不可少的组成成分，生活中习惯是潜意识的活动，就像各种软件的编程，一旦启动就会按既定的程序演绎。

一位没有继承人的富豪死后将自己的一大笔遗产赠送给了远房的一位亲戚，这位亲戚是一个常年靠乞讨为生的乞丐。这名接受遗产的乞丐立即身价一变，成了百万富翁。

新闻记者便来采访这名幸运的乞丐："你继承了遗产之后，你想做的第一件事是什么？"

乞丐回答说："我要买一只好一点的碗和一根结实的木棍，这样我以后出去讨饭时方便一些。"

即使已经成为了百万富翁，乞丐的习惯性思维仍是一切为了讨饭！可见习惯所具有的强大力量。英国著名哲学家弗朗西斯·培根曾说过："习惯真是一种顽强而巨大的力量，它可以主宰人生。"美国成功学大师拿破仑·希尔说："习惯能够成就一个人，也能够摧毁一个人。"因为习惯的力量不仅强大，而且顽固，有时甚至具有惊人的力量。习惯一旦养成，要改变起来就很难。俗话说，"习惯成自然"，因为一个习惯养成太久的话，就成为一种自然而然的思想或是行动了，成为了一种定式，一种极难改变的僵化状态。

有一对父子，住在山上，每天都要赶着牛车下山卖柴。老父亲很有经验，坐镇驾车。山路崎岖，弯道特多，儿子眼神较好，总是在要转弯时提醒道："爹，转弯了！"

有一次父亲因病没有下山，儿子一人驾车。到了弯道，牛怎么也不肯转弯，儿子用尽各种方法，下车又推又拉，用青草诱之，牛还是一动不动。

到底是怎么回事？儿子百思不得其解。最后只有一个办法了，他左右看看无人，贴近牛的耳朵大声叫道："爹，转弯啦！"牛应声而动。

牛已经习惯了听到这句话就转弯，没有这句话，再用什么方法也没有丝毫用处。这就是习惯的顽固之处。

如果说一个人的习惯只是把一个人变成了机械,使他的生活仿佛由习惯所驱动,那么社会的习惯势力,却具有一种无比可怕的专制力量。

例如古代的斯巴达青年,在习惯风俗的压力下,每年都要跪在神坛上承受笞刑,以锻炼吃苦的耐力。

在伊丽莎白女王时代的初期,有一个被判死罪的爱尔兰人,请求绞死他时用荆条而不用绳索——因为这是他们本族的习惯。

在俄国据说有一种赎罪的习惯,要人在凉水里成夜浸泡,直到被冻伤为止。

而在中国,重男轻女的习惯延续了几千年,以至于今天依然还可以看到这种习惯的影响。

可见,习惯真是一种顽强而巨大的力量。可以说,世界上最可怕的力量是习惯,世界上最宝贵的财富也是习惯。好的习惯让我们受益终生,永远幸福;坏习惯却会让我们尝尽苦果,痛悔终生!但是不管什么样的习惯,一旦养成,就会轻易地主宰我们的人生,决定我们的命运。一旦选择了什么样的习惯,就会不自觉地走下去,惯性的力量会强化这种选择,直到变成一种无法察觉的潜意识,而你的人生,就会在这种不自觉的潜意识中失败,或者成功。

3. 好习惯结好果,助你轻松成功

习惯的强大力量决定了习惯可以决定我们的命运,可以左右我们的命运，也可以改变我们的命运。如果把人生比喻为飞驰的列车，惯性使人无法停步而冲向前方，那么习惯就是人生的方向盘。

1998 年 5 月，华盛顿大学 350 名学生有幸请来世界巨富沃伦·巴菲特和比尔·盖茨讲演，当学生们问到他们怎么变得比上帝还富有这一有趣的问题时，巴菲特说："这个问题非常简单，原因不在智商的高低，而在于习惯、性格和脾气。"

盖茨表示赞同，他说："我认为巴菲特关于习惯与性格的解释完全正确。"此时，两位世界级的成功人士道出了自己成功的诀窍。

本杰明·富兰克林说："一个人一旦有了好习惯，那它带给你的收益将是巨大的，而且是超出想象的。"这其实是他亲身体验得出的结论。

本杰明·富兰克林是几百年来被全世界公认的伟人，他发明了避雷针，参加了美国独立战争，起草了《独立宣言》，同时又是作家、哲学家，他在众多领域做出了杰出的贡献，受到千万不同国籍、不同肤色的人的敬仰。在其晚年他写了一篇 15 页的文章回忆他在青年时代曾进行过的、让自己一生受益的特殊锻炼，就是造就成功的习惯。

年轻时候的富兰克林并不成功，但他极其渴望成为一个不平凡的人，通过研究总结，他认为成功的人生肯定伴随着 13 个良好习惯：节制，寡言，秩序，果断，节俭，勤奋，诚恳，公正，适度，清洁，镇静，忠贞，谦逊。当然他知道仅仅知道这 13 个习惯肯定不能让自己成功，只有经过刻苦锻炼，把这 13 项变成自己的 13 种习惯，这才是属于自己的，否则那还是别人的，是书本上的。

知道了这一点，他认真准备了一个本子，每一页都打上许多格子，他当时非常清楚，一段时间只能专注于一项锻炼，才最有成效，否则适得其反，于是他第一星期只专注于"节制"，并坚持每天监督，他惊喜发现，这"节制"慢慢在自己身上生根了。

尝到了甜头，第二个星期他又开始专注于"寡言"，并对第一项"节制"进行巩固，第三星期专注第三项，再对第一，第二项进行巩固……如此下来，13个星期后他惊喜地发现，自己的举手投足，为人处世，待人接物发生了许多变化，年轻，认真，又有决心的富兰克林知道这13星期的训练还不足以形成自己的习惯，于是在1年的3个13个星期内进行了轮回锻炼，一年后，他发现自己完全变了，这种变化已经融入他的血液，渗入他的灵魂，成为毕生的习惯，成功自然光顾于他。

好习惯是成功的金钥匙。富兰克林之所以能成为著名的科学家，能成为最受美国人尊敬的人之一，这与他改变坏习惯，养成好习惯密不可分。

好的习惯就像往银行存钱，每一天都在为自己的成功储蓄，每一天都在为未来的人生做准备。有时候，一个不起眼的习惯恰恰是决定你的人生和命运的关键，甚至决定着你的生死。别以为这是危言耸听，下面这个真实的故事就是最好的注脚。

快下班了老金才想起该发给客户的东西还存放在冷库里，老金趁这最后几分钟赶紧去取。到冷库时管冷库的老李正要下班，老金说取一下就行。要拿的东西却放在冷库最里面了，老金翻了半天还没找到。

管冷库的老李说："老金啊，你出来了把冷库门关上就行了，我有点急事，我先走了啊。"

老金边找边说："行，你先走吧。我关好就是了。"

好不容易才找到，搬过来时才发现冷库的门不知不觉中关上了。借着冷库里的灯光，老金几番努力，想要打开门出去，却没能成功。

老金着急了，大声叫人，可是没人回答，试了10多分钟，老金发现这个门只能从外面打开。在零下10摄氏度的冷库中，穿着短袖的老金觉得越来越冷，开始打起喷嚏来。半个小时过去了，这时候应当同事们都下班了吧？老金开始绝望起来，如果到明天上班时才有人来打开冷库的话，自己是无论如何也熬不过去的。没想到生命竟然会终结在这样一个冰冷孤独的地方。

感觉越来越冷，越来越冷，老金觉得自己像一片羽毛一样，在慢慢地飘升，飘升，在最后几分钟里，老金似乎听到了有人打开了冷库的门，还有人背着他出去了……

原来是门卫老胡把工厂里外搜了个遍，也没找到老金的影子，只有冷库关得紧紧的，他猜测老金是不是在里面，急着打电话给管冷库的老李，老李听他说老金有可能被关在冷库里了，惊得马上赶过来，开了门，果然老金在里面，已经被冻得晕了过去。

还好，老金有惊无险。老李奇怪地问门卫老胡："你咋知道老金没回家被关到冷库了呢？"

老胡说："老金进厂也快二十年了吧？只要上班，他每天早上进门时都会对我说：'早上好。'每天下班时也绝对会对我说：'明天见'，这二十年来，我每天已经习惯了他的这两声问候，每天都只有听到了这两声问候心里才踏实。可是今天，老金只对我说了早上好，下班时一个又一个的人都走了，我就没听见他的"明天见"，我一直等着这声"明天见"可一直没等到。我就马上去厂里面找他，上上下下左左右右我都找遍了，只有冷库关着我看不到，那他肯定在冷库了！"

好习惯才能结好果！要不是老金几十年如一日养成的这个与门卫打招呼的良好的习惯，也许生命早已离他而去了。

好习惯结好果，好习惯就是使我们走向成功的最好的助推器。成功其实是很简单的，重复的行为就能形成习惯，良好的习惯就能导向成功。

哈佛大学校长艾略德，曾以"成功的习惯"为题作过一次演讲，他说："很多小学生在学校功课不好，成绩失败，是由于没有给他们足够数量可能成功的功课，以至于他们没有机会去养成成功的习惯。"他鼓励老师们在教低年级时，为学生安排一些容易成功的事。艾略德博士说："小小的成功，可以使学生获得成功的感觉，引起成功的兴趣，从而养成不断地去攻克难题、走向成功的习惯，这在他们日后的工作中，会有无价的帮助。"因为好习惯正是成功的助推器。习惯成自然，自然成人生，这里面隐藏着人类本能的奥秘。因为习惯的养成不只是动作的重复，也是脑神经指令的积累。一件事你做的次数越多,脑神经所受的刺激和记忆就越深,人的反应也会越来越熟练,到一定时候习惯就会自然形成。而这样的习惯,就会给你带来意想不到的好处。

有个大学毕业生,到一家公司应聘。面试时,外边等了许多人,看起来个个踌躇满志,应试者一个个被叫到经理办公室,一个个又表情严肃地走出来。当叫到他时,他没有像别人那样慌忙推门而进,而是先敲门问:"我可以进来吗?"

经理说了声"可以",他才进去。进门后,他又轻轻地关上了门。

几天后,他被意外地聘用了。

两年后,他工作出色,升为业务主管,与经理接触的机会多了,才把心中的疑惑说了出来:"当初有人学历比我高,为什么要聘用我?"

经理说:"说实话,你哪一条都不比别人强,我就看中你进门时很有礼貌,懂礼貌说明你有教养。虽然这些习惯很普通很微小,但是可以看出一个人的本性和未来。"

好习惯的报酬是成功,成功的人生和成功的事业就是好习惯延续的必然结果。拥有一个好习惯你就比别人拥有更多的成功机会。一个想成功的人,必须知道习惯的力量是相当大的。一个好的习惯一旦定型,它对于成功所产生的影响是很难想象的。所以,想要成功,就一定要记住改掉坏习惯,养成好习惯,让你的好习惯为你的未来孕育一个鲜美的硕果!

4.

坏习惯酿恶果，阻碍你的成功

习惯原本无好坏，人们把习惯分成好坏两种全因结果有好坏，好习惯结好果，助你走向成功；而坏习惯只会酿恶果，阻碍你的成功。对于很多失败者，仔细探究他们失败的原因，都不难发现“习惯”的强大影响。

一位小和尚学习剃头，把南瓜当作理发者的头，用剃头刀反复练习，每次小和尚练习完毕，便顺手把剃头刀插在南瓜上，久而久之养成了习惯。有一天老和尚询问小和尚剃头的技艺，小和尚很自信地说，乐意为老和尚剃头以示技艺。操作过程中，老和尚对小和尚的娴熟技艺比较满意，心想以后就不用请别人给自己剃头了，念念有词，夸奖一番。不料想，当小和尚给老和尚剃头完毕，也习惯性地把剃头刀插在了老和尚的头上，后果可想而知。

好习惯可以让我们插上翅膀，飞往天堂；坏习惯可以让我们挂上锁链，走向地狱。遗憾的是，当我们被锁链束缚时，却从来不知道钥匙其实就在自己手中。有时候哪怕是看起来并不会影响我们的小小的坏习惯，也会使我们掉进失败的陷阱，永远与成功无缘。

约里奥·居里夫妇——居里夫人的女儿和女婿，他们两个平时的工作就有些丢三落四，忘了这个忘了那个。最终，这个也许并不算什么大错的小小的坏习惯，使他们令人惊讶地错过了3次获得诺贝尔奖的机会。

第一次，他们在实验中发现了新的中性射线，却并没有特别地注意它，而是把这个全新发现的玩意丢在一边，没有管它，更没有意识到这就是中子。结果这个诺贝尔奖被查德威克得到了。

第二次，他们发现了正电子的轨迹，很不幸，他们丢三落四的坏习惯又跳出来，阻住了他们获奖的大路，他们居然把这个伟大的发现忽略了！于是这一回的诺贝尔奖被安德森得到了。

最后一次，本来是一个特别明显的、根本不能忽略的现象：稳定的人工放射性，但他们仍然没有把这当回事，第三次诺贝尔奖的机会与他们失之交臂！

人的一生有多少次机会能让人错过呢？一个科学家的一生又有多少次能获得诺贝尔奖的机会？也许一次，就是上帝的特别垂怜了，更别说三次。然而，三次机会居然都被他们这一个小小的坏习惯毁得干干净净！一次又一次的成功就这样擦肩而过，这是人生多大的遗憾啊！而这样的遗憾只不过是因为小小的坏习惯！

试想一下，如果居里夫妇没有这样的坏习惯，那他们就有可能获得三次诺贝尔奖，这样的伟大成就，世间几人能有？就算他们原来就有这样的坏习惯，如果他们能像保罗·盖帝一样，及时改正，他们仍然会有两次成功的机会，但是他们没有。也许在他们的思想意识里，这样的小习惯算什么呢？因而他们还是我行我素，继续着他们丢三落四的行为，培养着他们丢三落四的习惯，以至于三次绝佳的机会都错过了，物理学上的最高奖项注定与他们无缘！

当你养成的是坏习惯，那只会开出恶之花，结出恶之果，让自己品尝苦涩与痛苦，让成功与你交错而过。

5. 什么样的习惯造就什么样的人生

每个人都有自己独特的生活和工作的习惯。有的人习惯做每一件事都有明确的目标和计划，做起事来有条有理，并全力以赴地去执行；有的人则习惯走一步看一步，凡事随性而为；有的人明知道自己这样做不对，这是一种坏习惯，却听之任之；而有的人却乐于改正缺点，改掉坏的习惯。不同性格的人自然会形成不同的习惯，日后的人生轨迹也不会相同，而决定他们这种结果的正是习惯本身。

只有养成良好的习惯才能造就一个美好的人生，一个恶劣的习惯只会让你的人生陷入失败的泥淖之中。它会推着我们前进，也可以拖累我们直至失败。伟人之所以伟大，得益于习惯的鼎力相助；失败者之所以失败，习惯同样责不可卸。习惯是所有成功者的奴仆，也是所有失败者的帮凶。

在职场面试的时候发生过这样两则故事：

故事一：某家公司要招聘一名高级人才，众多的应聘者都很自信地回答了招聘主管的问题，结果都未被录取，只得悻悻离去。而最后的一名应聘者，走入总经理的办公室后，注意到地上有一个纸团，地毯上很干净，这个纸团与周围的环境很不协调。应聘者弯腰捡起这个纸团时，招聘主管对他说："请你打开看看吧！"这位应聘者犹豫不决地打开后，竟发现了一行使他惊喜交加的字：欢迎您成为我们公司的一员。随后，这位应聘者就从众多应聘者中"脱颖而出"，而且后来还成了该公司的"领导中坚"。

故事二：一个著名企业的招聘会上，一名来自名校的大学毕业生，过五关、斩六将，终于闯到了最后一关——面试。面试很简单，回答完问题后，主考官让他画了几个简笔画，就结束了。

主考官看起来很满意，应聘者很高兴，提前把好消息告诉了亲戚朋友。结果出来了，出乎意料的是，他落选了。他百思不得其解，经多方询问才知道，问题出在几张纸上，出来时，他随手把那几张废纸丢在了地上。

两个人，同是求职者，同是一张废纸，命运却截然相反。“废纸”让一个求职者旗开得胜，也让另一个求职者功亏一篑。难道“废纸”是头等功臣？是罪魁祸首？不是，决定这一切的，不是废纸，是习惯。养成随手捡废纸习惯者，得；养成随手扔废纸习惯者，失；养成随手捡废纸的习惯者，成；养成随手扔废纸习惯者，败！

习惯决定命运，习惯决定人生，习惯决定成败。拥有好习惯的人，处处顺风顺水，成功理所当然；而拥有坏习惯的人，处处碰壁冷遇，失败在所难免。有什么样的习惯造就什么样的人生，一切都由习惯主宰，一切都由习惯决定！

6．这些坏习惯就是你成功的绊脚石

每个人都有自己的习惯，这是在生活过程中日积月累养成的，它已经融入到每个人周身的每个细胞，很难被改变。好的习惯让你生活有滋有味如鱼得水，糟糕的习惯只能让你生活变得一塌糊涂步履维艰。然而每个人的遭遇不同，个人性格也不尽相同，所以每个人的习惯也各种各样。坏的习惯改变不了，当由坏习惯导致的失败到来时，任何人都无能为力。

有很多习惯，你会在无意间忽略它，但这并不表示它就不存在了。它的影响依然在你的身上继续着。尤其是那些坏习惯，它们的影响可谓立竿见影。所有的习惯都可以积累，坏的在经过一点一滴的积累之后也会大到谁也无法承受的地步，哪怕是伟人也在劫难逃。一旦由习惯带来的厄运到来时，人们会在毫无预想的情况下抱憾终生。

曹操，因好色，与邹氏嬉戏而被张绣突袭，害死了爱将典韦和侄子曹安民。

卫懿公，嗜好养鹤，好鹤成瘾，在宫廷定昌、朝歌西北鹤岭、东南鹤城等处，均大量养鹤。他的鹤如同官员一样有级别有俸禄。就连他外出游玩，也必带鹤，号称“鹤将军”，最终因此不再理朝政，漠视民疾，终于导致民怨沸腾，国势衰弱。

诺贝尔，因为习惯性地把相同的试剂瓶放在同一个地方，结果一时疏忽，拿错了试剂瓶，结果导致炸药爆炸，他为此失去了一只眼睛。

拿破仑，过于自信，坚信自己是不败的，而放弃了年轻发明家富尔顿的建议，没有改变自己战船的构造，结果导致了他在海上的失败，损失众多将士。

……

每个人各有各的特点，各有各的失败原因。很多人平时都会有许许多多的坏习惯，很多巨大的损失都是员工工作时候一个小小的疏忽造成，许多失败也都缘于我们的坏习惯。正是这些也许我们自己并未太放在心上、甚至并没有认为是一种坏习惯的习惯阻碍了我们的职场之路，挡住了我们的成功。那么对照一下，看看下面这些工作中的坏习惯，你都有哪些，下一步准备如何去改掉它们。

(1)缺乏忠诚，不讲诚信

职场中有许多人都有这样的毛病，乐于跳槽，或者言而无信。这些坏毛病对于一个人的职业生涯来说是极其致命的。由于对公司缺乏忠诚而被雪藏的明星不在少数，由于对公司缺乏忠诚而被炒鱿鱼的员工不在少数，由于缺乏忠诚而乐于跳槽、最终碌碌无为的人也比比皆是。在工作中，不讲诚信比任何坏习惯的影响力更大，只有讲诚信的人才会被人信任，才有可能获得成功。

(2)不懂礼貌,不重形象

不懂礼貌、不重形象的习惯注定让你成为一个被别人忽视的人。现在是眼球时代,引起别人的注意才能赢得良好的机会。如果没有良好的讲礼貌、重形象的习惯,只会让人忽略你,继而把你抛在一边,还会有什么成功可言呢?只有良好的礼仪和形象能为你赢得人缘,赢得机会。

(3)忽略健康,忽视安全

健康和安全是成功最大的资本,试想一下,如果每天我们没有一个健康的身体,那么我们的生活会变成什么样子?没有健康,那么我们连自己的房屋都走不出去,还怎么去完成自己的人生追求?健康和安全是一切成功的前提,失去健康,一切都只能是零,失去安全,任何和你有关的都成了空谈,毫无意义。要问你成功最大的因素是什么,那无疑是健康和安全。只有重视自己,关心自己的身体健康和安全,我们才可以有所作为。

(4)逃避问题,推卸责任

不管到了哪里的公司,可以很肯定的一点就是,没有任何一家公司愿意接受一位不负责任的员工。每一份工作都需要投入巨大的责任感才能做好,推卸责任就是放弃了成功,而要想把工作做得更好更精细,就只有把自己的责任感融入到工作之中,把工作当作自己的事,像关心自己身心健康一样关心工作,这样我们才有可能把工作做好。而逃避问题、推卸责任,只会让自己失去机会。

(5)工作杂乱,没有条理

无论工作或生活,我们必须杜绝杂乱无章的坏习惯,因为这只会让你白白地浪费更多的时间在那些不必要的地方。我们绝对不能容忍我们在自己本该做好的地方搞得乱七八糟,最终失去成功的资格。条理清晰,工作才会有高效率。要时时刻刻地把握好工作效率的尺度,没有一个高效的工作效率,必将发生的一件事就是自己的工作会越拖越多,最终让自己没有办法在其他后续工作上分出精力来。对工作一定要做好合理的安排,加快速度,高效地利用你手中的每一分钟,让工作中的分分秒秒获得价值。

(6)心态消极,缺乏主动

天上不会掉成功,成功需要你去积极争取,而不是一直在队伍的最后边依靠绳索的牵引。任何时候都别对这种想法抱有幻想。成功需要积极主动去争取,主动永远是平庸和卓越的分水岭,跨过这道坎,成功才会属于你。如果一直被动，等待着别人的督促才去工作，那最终等待着你的也就只有平庸，平庸，一辈子平庸。

(7)粗枝大叶，马虎大意

工作时候"差不多"，那么工作的结果就会"差很多"。任何工作都需要一个追求完美追求极致的心存在，否则这份工作是不可能做好，即使做出来了，也不会完全达标。平时工作中，绝对不能忽略"小事"，"小事"从来不"小"，小事大事都是你自己的感觉，而工作的实质就在那里，是不会因为你认为它小就有任何贬值的。认为它小是你还没有察觉到这份工作的真正价值所在。无论何时何地，都要记住一点：工作中哪怕是1%的失误也能毁掉你100%的努力！

(8)办事拖拉，行动迟缓

保障效率是保障工作的前提，工作中最重要的就是我们能够今日事今日毕，别把工作一拖再拖。这样会使你少了很多接受新工作的机会，更少了许多走向成功的机会。行动迅速才能抓住机会，今天有今天的事，明天还有明天的事。一个人的时间是有限的，而你能主宰的就只有今天。行动拖拉只会把成功的机会拱手让给别人。我们需要的不是明天的任何幻想，而是切切实实地把握好现在，唯有现在才是真金白银。

(9)不善沟通，不懂合作

这是一个团队的时代，这是一个合作的时代，这是一个双赢、多赢、共赢的时代！在这样的时代，如果你还守着"独行侠"式的理念，还固执地相信以一己之力就能赢得成功，那只能是你一个人的痴心妄想了。不懂得沟通、不善于合作，在这样的时代，是绝无可能取得成功的。善于沟通，善于合作，善于依靠团队的力量去完成我们的工作，这是这个时代里每个工作者所必不可少的素质。

(10)自由散漫，缺乏自律

自律的人会对工作中的每一件事都认认真真地负责，请问一下，在平时的工作中，我们和我们周围的每一个人都做到这个了吗？我们对此有多深的意识呢？不懂自律，这给我们造成的危害有多大？想过改变吗？怎样去下定决心彻底改变？

自律是追求成功的人的铁律。自律是成功者最重要的特质，缺乏自律者，即使多么有才华，也会误了前程。每个人的前程都是一朵美丽无比的花朵，只有严格要求自己，克制自己的坏习惯，坚持走到最后的人才能看到它绽放时最美丽的那一刻。

(11)不爱学习,不思进取

学习是生活不断向前的粮食和动力,它让我们不断地接近完美并最终走向完美。没有它,任何成功都变得虚无缥缈遥不可及。工作更是如此,不断地追求自身的完善,才能让自己的路越走越远,越走越宽。不需要一嘴吃个胖子,但是我们必须每天都要进步一点点,不能原地踏步。要让今天的自己和昨天的自己有所不同,而这份不同来源于学习。与时俱进才能永远走在成功者之列,不思进取就会被时代抛弃,永不止步才是工作的正道所在!

(12)有始无终,半途而废

恒心是一个人最大的美德,每一件事都是需要我们投入巨大的精力和汗水才能做到的。中途退缩,半途而废的人,成功是不可能眷顾于他的,成功永远属于那些坚持到底的人。半途而废只会带来百分之百的失败,没坚持到底的心就只能在半路上对着那些不断向前的人的成功垂涎和流泪。困难是无处不在的,每时每刻地都在自己的身边,所以我们绝不能轻易地就被困难和挫折打败,变得一蹶不振。在成功的路上,前边等待你的不会是一马平川的坦途,而是坎坷不平的山间小道,只有咬牙走过去才能获得自己想要的东西。走过这条路的秘诀就只有一个:坚持,坚持,再坚持!

(13) 只会苦干,不会巧干

有思路才会有出路,有方法才会更省力。在将有限的精力投入到无限的工作中的时候,我们一定要有节约体力的观念,必须把身上可用之力用到它最能发挥功效的地方。成功不仅需要肯干,更需要会干巧干。只懂苦干的人是绝对不可能成功的,苦干只会让自己白白浪费掉许多不必要的时间。就像一头拉车的牛一样,低着头拉车的时候,更需要抬头看路才能把货物拉到终点。工作亦是如此,过多的弯路是不必要的,必要的是在最短的时间去完成最好的工作。方法肯定有,只要多想就会“取之不竭用之不尽”。用对方法你就会发现,成功原来如此简单!

以上这些阻碍我们成功的坏习惯,你有吗?如果没有,恭喜你,你的成功指日可待!如果有,也不用着急,从现在开始,改掉这些坏习惯,养成你的好习惯吧。

第二章

缺乏忠诚，不讲诚信
——毁掉的是成功的根基

人无信不立。一个人，想要在世上生存下来，并获得成功，诚信是最根本的。忠诚是岗位工作的灵魂，守信是职业精神的精髓。只有忠诚守信才是立身之基，立业之本。如果缺乏了这一点，绝不会有任何成功可言。如果养成不忠不信的坏习惯，毁掉的将会是成功的根本。所以，一定要改掉这样的坏习惯。

1. 忠诚高于一切

忠诚是什么？简单地理解，忠诚就是忠贞和诚信，就是无论什么时候都言出必行，敢于负责，一诺千金的品质和习惯。

忠诚是一种责任，忠诚是一种义务，忠诚是一种操守，忠诚是一种品格，忠诚还是一种习惯。忠诚是不受国家、地域、民族或文化影响的全人类共同崇尚和景仰的美好品德，是一种伟大的精神力量，一种崇高的人格修养，是高于能力、高于智慧、高于财富，甚至高于信仰高于一切的伟大品德，更是一种能够轻易得到信任，受到重用，获得成功的良好的习惯。只有拥有忠诚的人，才能够得到人生最高的奖赏，获得最辉煌的成功。

“季布一诺，千金不易”的故事相信很多人都知道。季布重承诺，讲信用，忠心耿耿，不仅赢得国人的尊敬，最后连强敌刘邦也对他敬重有加，另眼相看，这就是忠诚的力量。

汉高祖赢了楚霸王之后，即以重金悬赏季布的首级，并颁布命令：凡是窝藏季布的人，一律诛杀全族。因为季布曾是刘邦的死敌楚霸王项羽手下最得力的猛将之一，骁勇善战，曾让刘邦多次败北，令刘邦头疼不已，极想抓住季布，以泄愤怒。这时的季布乔装打扮以奴隶的身份藏匿在侠客朱家的家中，朱家敬重季布的耿耿忠心和重诺守信，就对汝阴侯夏婴说：“季布是一个忠诚义士啊，他为了主公项王鞠躬尽瘁，这是臣下的义务，季布只是在尽自己的职责，才惹怒高祖。这样的忠臣，理应受到天下人的共同尊敬，为什么一定要杀他呢？”夏婴觉得有理，就上书汉高祖，汉高祖也敬重季布的忠诚，很高兴地赦免了他，还对他委以重任。

忠诚的美德是人类所共同景仰的，不分敌友，不分古今，这种品质都受到尊重。反之，那种出尔反尔、朝秦暮楚的人是最为人所不齿、最受人唾弃的小人。

《三国演义》中吕布，言而无信、不忠不义，当然让人不齿。吕布先跟从丁原，后被董卓打败，便杀了丁原，投降董卓；当董卓大势已去时，他又杀了董卓，而后投靠袁绍、袁术等人。最后在白门楼前，吕布被曹操活捉，他又哀求投降曹操和刘备，这时吕布的手下大将张辽对曹操大骂不已。最终是曹操杀了吕布，放了张辽，还亲自为张辽松绑。心无半分忠诚可言的吕布想投降，被无情地拒绝了，张辽不降反骂，却成了曹操日后的亲信大将。

可见忠诚之人任何时候都是最受人敬重的。现代社会中，人们越来越看中忠诚的品质。许多大公司在招聘人才时都将忠诚作为选择人才的第一标准。没有忠诚你就可能得不到工作，得不到工作，你就无法在这个世界上安身立命。在漫长的人生中，你的大部分时间都是在工作中度过的，你工作的成败可以说是你人生的成败，而工作的成败又往往取决于你的忠诚度。无数在事业上取得巨大成就的人都清醒地意识到，忠诚是自己安身立命之本，是自己生活得更好的前提和保障。

一个人缺乏了忠诚这一品质，即使他再有能力，有通天的才华，也必定会被社会所抛弃，找不到安身立命之地。因为缺失了忠诚，缺失的就是根本，那些细枝末节、花花朵朵再多，也没有半点用处。所以，有众多的企业和老板，都宁愿用能力稍差一点但忠诚的员工，也绝不愿要那些即使能力超强却没有忠诚之心的人。

小李大学毕业后参加工作已有10年了，这10年间，他在4个公司担任过部门经理。10年的工作经验培养了小李出色的工作能力和业务水平，但是他又要跳槽了。经过一段时间的面试应聘，一家大型公司觉得小李确实不错，在最后一轮的面试中，人事经理问小李为何跳槽如此频繁？小李的跳槽原因当然有很多，但是有些不便讲明，于是他简单回答说："多数情况是公司的发展方向与个人目标不符。"人事经理轻轻地说："那你怎么保证我们公司的发展方向和您的目标相一致呢？"

小李无言以对了。

忠诚高于责任，高于能力，高于一切。在这个世界上，并不缺乏有能力的人，那种既有能力，又忠诚可靠的人才是每一个单位所企求的理想人才。如果你不忠诚，你就不能够与人相处长久，就不会具有合作与团队精神。只有忠诚的人，才不为利益所动，不为名利所诱，才能忠于企业，忠于工作，从而得到企业的青睐，同时也成就了自己的人生。

2012 年 3 月 16 日，又一赛季 NBA 球员交易期限到来之际，有关"超人"霍华德交易的消息始终是所有媒体和粉丝们的关注热点，之前一场场可笑的肥皂剧终于落下帷幕。这位现任 NBA 第一中锋已拿定主意：放弃合同优先选项权利，保证下赛季继续在奥兰多魔术队效力。

"我很高兴交易一事终于收场，它决非人们想象的那么容易。"霍华德说，"我很忠诚，我总是把忠诚看得高于一切。"

霍华德自本赛季揭幕以来一直嚷着要离开魔术队，想去大市场球队去追逐他总冠军的梦想。至少本赛季结束时，他要选择跳出合同成为一名自由球员，从此进入自己的总冠军之路。

可昨天，这位"超人"放弃了此前的多种考虑，正式与魔术队签署了协议，同时放弃合同选项权利并执行完 2007 年与魔术队签订的为期 5 年合同。

霍华德决定放弃选项等于让自己错过这个夏季与魔术队签订一份长期顶薪合同。如果他选择跳出合同，然后再与魔术队续签合同，那么他未来 5 年可能确保得到 1.09 亿美元的大合同；如果他不选择魔术队而同其他球队签约，那他未来 4 年可得到一份 8100 万美元的合同。这样的诱惑是任何一个 NBA 球员都无法抵制的，但是对于一个具有忠诚习惯的人而言，这些诱惑又算得了什么呢？

忠诚高于一切，在我们所有的品质中，最基本、最重要的品质就是忠诚，只有忠诚的人才能培养出其他优秀品质。任何时候都要明白忠诚无价，坚持忠诚于公司、忠诚于老板、忠诚于职业、忠诚于同事、忠诚于客户，只有忠诚于此，才能获得他人同样的忠诚。忠诚胜于一切，如果你希望自己被重视和信任，那么你应该做到忠诚，就要把忠诚放在第一位，养成忠诚的习惯，任何时候都不失忠诚之心，才会真正得到成功的青睐。

2. 职场忠诚比工作能力更重要

忠诚高于能力，高于智慧，高于一切优点，在职场，忠诚比工作能力更为重要，也更为企业和老板看重。有一个企业老板说得好："我的员工可以没有技术，也可以不聪明，也可以不专业，但绝对不可以不忠诚，因为技术可以学来，笨拙可以靠勤奋弥补，不专业可以培训，忠诚却是用什么也换不回来的比金子还珍贵的品质。如果没有忠诚，我凭什么给他信任？他又怎么可以让我放心？"

阿尔伯特·哈伯德说过："如果能捏得起来，一盎司忠诚相当于一磅智慧。"按英制的单位换算，一磅等于 16 盎司，可见忠诚比智慧有价值多了。因为忠诚不仅是一种品德，更是一种能力，而且是其他所有能力的统帅与核心。缺乏忠诚，其他所有的能力就失去了用武之地。

张平在一家大公司供职，能说会道，才华横溢，所以他很快被提拔为技术部经理，他认为，更好的前途正在等着他。

有一天，一位港商请张平喝酒。席间，港商说："最近我的公司和你们的公司正在谈一个合作项目，如果你能把手头的技术资料提供给我一份，这将使我们公司在谈判中占据主动。"

"什么？你是说，让我们做泄露机密的事?"张平皱着眉道。港商小声说："这事儿只有你知我知，不会影响你。"说着，将15万元的支票递到张平面前。张平心动了。

在谈判中，张平的公司损失很大。事后，公司查明真相，辞退了张平，那15万元也被公司追回以赔偿损失。张平就因为心中的贪念，不仅没有得到一笔意外之财，而且本可大展宏图的他连工作也失去了，前途无量的张平一时间变得一无所有了。

万般无奈之下，张平想到去投奔那位港商，但这次港商再没有一点好脸色给他，反说："不忠诚的人我们绝对不会录用。"张平懊悔不已，但为时已晚。

职场最重要的就是忠诚。缺失了忠诚之心，背叛了企业，即使你再怎么有能力，也不可能得到任何信任和青睐。忠诚是安身立命之本，是成事立业之基，一旦缺失了忠诚，即使你再有能力，有通天的才华，也必定会被社会所唾弃，被企业所抛弃，被同事所鄙弃，找不到安身立命之地。没有忠诚、不讲信用的人，不仅在职场没有希望，在任何地方都只会受到唾弃，不会受到欢迎。

在西门子刚进入中国的时候，一个分公司曾招了一批员工，并经过大力培训最终使他们成为了业务骨干，一时间，企业的订单不断，利润大增。分公司老总对这批骨干也是宠爱有加，嘘寒问暖，加薪宴请。他认为：只要我给你们的待遇好，还怕你们不好好干?

可是好景不长，那些业务骨干做了几年业务下来，脑子就"活络"了，心想：手里有现成的业务能手和客户群，如果把这群业务能手挖走，做西门子产品的代理，自己单干，那一定比在这里打工有发展。

有了这种念头，其中一个业务骨干就开始偷偷地自己联系业务，为了给自己拉拢更多的客户，他给一些客户吃回扣。最严重的一次，他竟然在与外商谈判时在中间做手脚，结果导致企业损失惨重。

老总知道后怒不可遏，把包括这位业务骨干在内的这批业务人员全部炒掉。这让企业元气大伤，也在这位老总心中留下重创，阴影难消。后来他明确规定，在以后招聘员工时，一定要保证员工的忠诚度，哪怕他的知识水平差点，经验不足。但如果缺乏忠诚，没有忠诚的习惯，即使他是天才，也要将其拒之门外。

不仅仅是在西门子公司，在任何一家公司，一个员工要想得到老板的赏识和重用，最根本的一个制胜法宝就是忠诚，讲信用。因为无论是哪一个老板，都不会对一个不忠诚无诚信的员工委以重任。

忠诚胜于能力，这是美国海军陆战队 200 多年来最重要的箴言，也是世界 500 强企业选人、用人、留人的重要标准。许多大公司在招聘人才时都将忠诚作为选择人才的第一标准。某家企业中流传一种说法：有能力也忠诚于企业的人是上品；没能力但忠诚于企业的是可用品；有能力但不忠诚于企业的必然是毒品。对于没能力的人可以培养，对于不忠诚的人，企业就不愿意浪费时间了。

有一家生产电子产品的公司到一家私人侦探社请求帮助调查新招聘的 4 位科技人才的品行。原来，前年他们在人才市场费了 3 个多月才招到了一名科技人员。这名科技人才能力很强，不到半年就研制出了电子新产品，产品在投放市场后很受欢迎。

可就在公司准备扩大生产时，那位员工却提出辞职。在公司还没有同意的情况下，该员工就到另一家大公司上班了。在这名员工跳槽半年后他们发现市场上也出现了和他们公司产品相似的产品。这件事让公司受到很大的打击，对科技人才再也不敢相信了。

现在，公司又招聘了 4 名科技人才，4 名人才的能力都很强，可一直不敢放心使用，科研项目一直不敢启动，害怕再出现这种“叛逃”情况，泄露公司的机密。没办法，公司想到了调查公司，准备雇用私家侦探帮忙调查公司新招聘员工品行、在原来的企业的业绩、朋友对他们的印象、原来单位对他们的评价，以及他们在社会活动中的所有细节品行，以确定他们是不是忠诚可靠，可以让公司放心使用。如果没有忠诚之心，或是有过背叛企业的前科，那企业肯定不会要这样的人的。

忠诚胜于能力，胜于一切。即使你有专家级别的技能，如果缺乏忠诚，那会给企业带来什么？忠诚胜于能力，并不是对能力的否定，而是对忠诚的肯定。

任何一个社会都需要社会成员的忠诚，任何一个公司都需要全体员工的忠诚，任何一个人的成功都需要忠诚作为基石。当你进入公司，忠诚就是一项基本的义务，就要忠于自己的公司，忠于自己的职业。如果你有超一流的个人技能，又有超一流的忠诚，又岂能不会如鱼得水，找到自己的人生价值，实现自己人生的理想和追求，抵达成功的峰顶？

3. 诚信是一个人的立身之本

“人无信不立”，诚信是一个人安身立命和处世为人根本中的根本，从古至今，诚信都是世人最为看重、最为尊崇的品德。不论是做人、做事、做官、经商，诚信都是至为重要的前提和保障。

成龙是一位获得巨大成功的演员，他在全世界拥有2.9亿铁杆影迷，还曾把手印留在好莱坞星光大道上。不过，他年轻时只是在香港影视界做“臭武行”，直到几年后才开始担当主角。

当时有人请他出演另一个剧本的主角，愿意替他出 10 万元违约金，同时给了他一张 100 万元的支票。成龙拒绝说："不能因为 100 万就失信于人，大丈夫一诺千金。"公司得知后非常感动，主动买下这个剧本，让他自导自演。就这样，成龙凭借电影《笑拳怪招》创造了当年的票房纪录。

有人觉得，诚信对社会很重要，与自己关系不大。从成龙的成功来看，我们知道，不但世无诚信不宁，而且人无诚信不立，诚信是一个成功者所必须具备的基本素质。

做人、做事都要讲信用，"坑蒙拐骗"也许能欺骗一时，但终归被人唾弃。朋友交往要讲诚信，生意往来更要讲诚信，谎话、瞎话只会让你失去朋友和工作。诚信是做人之本，更是立业之本，托马斯 · 斯坦利在《百万富翁的智慧》一书中介绍，一家机构在对美国若干名富翁调查后的结果表明，其成功的秘诀在于诚实，有自我约束力，善于与人相处，勤奋和有贤内助。这其中，诚实被摆在了第一位！由此可见诚实的重要性。那些成功的企业家，也无一不是重视诚信的人。

美国多米诺皮公司总裁唐 · 弗尔塞克就是这样一位实业家。多米诺皮公司是经营粮食加工的，该公司有一条规定："必须保证在 30 分钟之内，将客户的订货送到任何规定的地点。"正是这一规定，使他们采取非常的措施，保证公司分散在各地的商店和代销点不会中断货物的供应，最终在市场竞争中牢牢地站住了脚跟。如果因供货不及时导致商店或代销点停止营业，那就是供销部门最严重的过失。

有一次，一辆长途货车半路发生故障，眼看有一家商店就要中断生面团的供应，公司总裁弗尔塞克得知这一情况后，立即决定包下一架飞机，把生面团及时送到那家商店。包一架飞机把几百公斤生面团送去，飞机的运费大大超过了面团的价值，这明显是一桩赔本的买卖。不少人对此极不理解。

你们感到奇怪吗？弗尔塞克说："我们宁可赔偿高额的运输费，也不可中断供销店的供货，飞机给我们送去的不是几百公斤生面团，而是多米诺皮公司的信誉！信誉！”

诚信是做人的基本品格，是做事成功的保证。在当前的市场经济中，诚信尤为可贵，它可以使人、使企业在竞争中永立不败之地。正是弗尔塞克对于诚信的高度重视，才成就了他的企业，也使他自己走向了事业成功的峰顶。

我国自古以来就以诚信为本，以诚信为尊，只有那些诚实守信的人，才是人们心目中最值得尊敬的人。

“得黄金千斤，不如得季布一诺。”这样的赞誉是送给秦末汉初的名士季布的。说的是凡是他答应做的事情，一定做到。“一诺千金”的成语即来源于此。不过，在我国古代还有一个比季布更守信的人，他叫季札。

有一次，季札出使北方各国，经过徐国。徐国的国君接待他的时候，见他佩带的一口宝剑，流露出非常爱慕的样子。季札当时就觉察到了，可是他还要到别的国家去做客，不能把佩剑送人，心想：回来再送也不迟。不料季札从北方回来，再到徐国的时候，徐国国君却已去世。季札很觉怅惘，便找到徐国国君的墓地，把宝剑解下来，挂在墓前的树上，三拜而去。随从人员对季札说：“徐国国君已经死了，还把宝剑送给他干什么，岂不是白扔了吗？”

季札说：“不，我已经答应把宝剑送给他，不能因为他死了，我就可以失信！”

随从说：“你并没有答应过他呀……”

季札说：“我虽然嘴上没有答应过，可是我确实心已许之。”

仅仅因为一个“心已许之”，就把心爱的宝剑赠送于人，而且还是已死之人，古人就是这样信守自己的诺言的。

这样的优良传统被一代又一代人延续和发扬，诚实守信也成为一代又一代人最为尊崇的品质。拥有这样的品质的人，不管走到哪里，都会受到尊重，获得成功。

宋庆龄的父亲宋耀如，年轻时很贫穷，为了生活，他在国外找工作。在一个冬天的下午，宋耀如裹着一件单薄的大衣，徘徊在寒冷的街头，他花光了身上所有的钱，可是还没有找到工作，并且连吃饭的钱都没有了。他正站在马路上发呆，突然一辆马车猛跑过来，宋耀如躲闪不及，被马车撞伤了。

马车的主人非常善良，不但把他带到家里，给他请大夫，而且还派专人护理他。病好以后，还给他找了一份工作。宋耀如工作诚实，任劳任怨，深受老板的喜欢，不久就又给他加了工钱。很快宋耀如就有了钱。

这件事对他的影响很大，他经常教育自己的孩子从小要养成诚实善良的品德，这样对人对己都有好处。宋耀如的二女儿宋庆龄牢牢地记住了父亲的话，从小就诚实、善良、守信。

一个星期天，宋耀如一家用过早餐，准备到一位朋友家做客。

小庆龄听到这个消息后，高兴得跳了起来。她最喜欢到这位叔叔家去了，叔叔家养的鸽子长着尖尖的嘴巴，红红的鼻子，黑黑的小眼睛，漂亮极了！叔叔还说准备送她一只。小庆龄想到这些心里就高兴，她急急忙忙跑到自己的房间里，把自己最漂亮的衣服找出来穿上，准备和爸爸一起去叔叔家。

她刚跟着爸爸妈妈走出门，突然想起今天上午小珍要来跟她学叠花篮，于是就停住了脚步。小珍和庆龄的年龄差不多，两人可要好了。

父亲见庆龄站在那里不动，就问："庆龄，你怎么落后了，难道你不想去看鸽子了吗？"

庆龄说出原委。父亲说："没关系，明天你到小珍家里教她。"

庆龄为难地说："不行，我们已经约好了，不见不散。我走了，会让她失望的。"

姐姐说："小珍不会怪你的，明天见到小珍，解释一下就行了。"

可是庆龄仍然站在那儿不动："爸爸说过，做人要信守诺言。

如果我忘了，明天见到她，可以道歉；可是现在我想起来了，我就得在家里等她，不然就是不守信用。”

宋耀如听了女儿的话，心里很高兴，于是就对其他的孩子说：“庆龄做得对，你们都应该向她学习，做个讲信用的孩子。”

父亲到了朋友家，把这件事跟他的朋友讲了，那位叔叔还让父亲给庆龄带回两只鸽子，算是对她的奖励。

宋庆龄就是这样，从幼年起，终生都要求自己恪守信用，绝不自食其言。从小就养成的诚实守信的品格一直伴随她一生，也让她成为最受尊敬的人之一。

要做伟大的事业，就要从培养伟大的人格和习惯开始。不论我们的目标多么伟大，或者有多少伟大的事等着我们去做，我们一定要遵守自己的承诺并且去做好它。因为工作和做人的成功秘诀中最不能缺少的两个字就是诚信。养成诚信的习惯，成功就不会与你擦肩，而会与你拥抱。

4. 缺少诚信就失去了成功的根基

没有诚信，注定什么事也干不成，甚至毁灭自己。古代名著《郁离子》中就记载了一个因失信而丧生的故事：

济阳有个商人过河时船沉了，他抓住一根大麻秆大声呼救。有个渔夫闻声而至。商人急忙喊：“我是济阳最大的富翁，你若能救我，给你100两金子。”

待被救上岸后，商人却翻脸不认账了。他只给了渔夫10两金子。渔夫责怪他不守信，出尔反尔。富翁说：“你一个打鱼的，一生都挣不了几个钱，突然得10两金子还不满足吗?”渔夫只得快快而去。

不料想后来那富翁又一次在原地翻船了。有人欲救，那个曾被他骗过的渔夫说：“他就是那个说话不算数的人!”于是商人淹死了。

故事当然有巧合的成分，商人两次翻船都遇到同一个渔夫是偶然的，但一个人若不守信，必然会失去别人对他的信任，失信于人，一旦遭难，只有坐以待毙。商人淹死，也就在情理之中。

人无信不立。诚信是立身之本，立业之基，只有那些重诺守信的人，才能立身有处，立业有本。失去诚信就会失去成功的根基，这是最得不偿失的，可还是有些人不懂。有许多人之所以失败，不是因为没有才能或运气不好，而是由于不讲信用、不重诺言的恶习。轻视诚信就不会产生信誉，没有信誉就无法生存，不论对企业、对个人，这都是一个真理。

北京某房屋租赁公司，与几个朋友签订了租房合同，租期一年，租金若干，并承诺，租房期间，房屋供暖由公司负担。结果，当年年末，冬天供暖开始的时候，公司以种种理由拒绝支付供暖费用，并骗取供暖费用1300余元。次年房屋快要到期的时候，公司又通过欺诈的手段，欺骗对方签下退房承诺，迫使对方比租期提前了半个多月搬出所租房屋，并拒绝退还房屋押金1800元。

公司追逐利润，无可厚非，但是通过欺诈的手段骗取消费者的钱财，这样的行为就令人发指了。终于，由于人们对这家中介公司的投诉太多，政府取缔了这家公司的经营资格。

诚信是人之为人的基本道德品质。诚信是成功的根基，更是为人处世的根基，失去了这一点，除了失败，再没有其他的结果可言。而那些信守承诺、言出必行的人，就是成功最青睐的候选人。

香港超人李嘉诚，在创业初期资金极为有限。一次，一位外商希望大量订货，但他提出需要富裕的厂商作保。李嘉诚跑了好几天，一无着落，只好据实相告。那位外商在与李嘉诚的接触中为他的诚信所感动，对他说："从阁下的言谈中看出，你是一位诚实君子，不必其他厂商担保了，现在我们就签约吧。"李嘉诚感动之余还是说："先生，受你如此信任，我不胜荣幸。但我还是不能和你签约，因为我资金有限。"外商听了，极佩服他的为人，不但与之签约，还预付了货款。由此，李嘉诚也悟出了"坦诚第一，以诚待人"的原则，并获得了巨大成功。

诚信是为人之本，经商之本，更是成功之本。只有具有诚信品质、养成诚信习惯的人，才能取得巨大的成功。很难想象，一个阳奉阴违的人能够得到别人的尊重，一个口是心非的人能够长久地立足于社会而不被抛弃。同样，我们也很难想象，一个品德高尚、视信用为生命的人，会没有人生的成功。

林海燕曾是广东省某个彩票卖点的普通员工，她的工作内容简单而无趣，很多在她那里做事的人都会受不了这里的枯燥，很快转到其他的行业中去。但她总是每天都坚守在自己的岗位，每天按时且保质保量地完成工作任务。这让她无论在上司还是周边彩民那里都备受喜爱。

一天，一位常来林海燕所在卖点买彩票的先生给她打来电话，说自己在外地出差并委托她为其代买彩票，等出差回来就把钱还给她，而且即使一注都没中也不会责怪林海燕。林海燕答应了他。但是，林海燕没有想到的是那位先生一次就要买下707元的彩票。林海燕答应他之后就没说什么，认真地履行了自己的诺言，真的为这位先生随机买下了707元的彩票。

更加令林海燕没想到的是，她为这位先生随机买的彩票却中了大奖：518万元。人们纷纷向林海燕表示祝贺，羡慕不已。然而，出乎所有人的意料，林海燕马上就给那位先生打去了电话，告知了此事，并催他赶紧回来领奖。那位先生接到电话后，非常吃惊，以为是林海燕与他开玩笑，因此并没有在意。等他出差回来给林海燕还707元钱的时候,却见林海燕将一张彩票放到了他的手中说:"先生,您的彩票,赶紧去兑奖吧!"

林海燕的行为感动了这位获奖的先生,也感动了全中国的人。她的诚信品质也为她的事业打开了一条坦途:之后,以她的名字命名的彩票销售连锁店开得越来越多。人们都纷纷去她的店里买彩票,因为她是一个值得信任的人。林海燕的事业做得越来越大,全国各地都可以见到她的店面。

林海燕的成功事迹充分说明了诚信对于一个人的重要性,它不会给你直接带来财富,但它却可以间接地给你带来财富。而且一旦诚信的品质被树立起来之后就会终身受用,为你创造无尽的财富。缺乏诚信,那么就不会有那么多人追随她,换句话说,是她的诚信品质成就了她的事业。

诚信可以使一个人心胸坦荡,仰不愧天,俯不愧地,可以使一个人精神饱满,如沐春风,有创业的冲动,有干一番事业的激情。如果每一个人都讲诚信,养成诚信的习惯,就能形成社会的诚信环境和良好的世风,使整个社会都以诚信为荣,社会也将变得不同。

对于每一个渴望成功的人来说,当诚信牢牢驻扎进你的心灵的时候,你就会品尝到成功的喜悦与甘美。

5. 只有忠诚守信的人才会取得成功

忠诚守信是一个人基本的品质和素养,也是一个人的立世之本。尽事以忠,尽人以信,这样的人才能成功。

讲信用是忠诚的外在表现,只有忠诚的人才会有信用可言。忠诚和信用是一体的,密不可分的。一个没有信用的人,也必然没有任何资格奢谈忠诚。只有那些忠诚守信的人，才是成功永远偏爱的幸运儿。

一个工厂倒闭了，全厂上下大哭不已，一个记者前去暗访，他找到了三个工人，问道："请问这里出了什么事？"工人A回答："没什么，厂里有人结婚，全厂人在欢呼呢！"工人B回答："没事，有人丢了钱包，全厂愤慨地哭了。"而工人C回答："当然有事，厂倒闭了，我们无家可归，所以哭了！"十年以后，工人A因诈骗罪被关进监狱，工人B因没有朋友而患上了孤僻症，工人C却成为了赫赫有名的大老板。

明明是同一个厂的事情，为什么三个人给出的回答却完全不一样呢？而且，三个人以后的命运却为何会差别如此之大呢？原因很简单，是三人对待自己的诚实态度不同。工人A不仅不说实话，而且还把坏事硬说成好事，时常用谎言来欺骗自己，久而久之，欺骗已经成了习惯，自然走到了诚信的反面，以后也会被欺骗伤害！而工人B虽然知道诚实的回答是坏事，但其实其性质也和工人A差不了多少，只是在程度上稍少一点而已，他对自己不诚实，当然也不会对别人诚信，自然没有人愿意与他交朋友，孤僻症也就自然而然地乘虚而入了。工人C就和他们不一样了，他用一颗诚实的心对待自己，明白事实是不可改变的，有了坚固的基础，诚信之花当然乐意在他心里盛开了。于是，人人乐于与他结交，而他之所以能够坐上老板的位置，也就不言而喻了！

忠诚守信是一种职业道德，也是一种价值取向。忠诚信用才会把心思和精力用在正道上，一步一个脚印地向既定的目标迈进。商人做买卖缺斤少两，树不起真招牌；干部弄虚作假，创不出真政绩；学生考试作弊，得不到真本事。有人担心，市场经济环境里讲诚信会被欺、会吃亏。其实，在激烈的市场竞争中，一个人及一个企业要生存、图发展，更需要树立诚信观。可以说，诚信是竞争力，是走进成功大门永远的通行证。

刘永行的"希望"饲料能够得到消费者的认可，除了其本身质优价廉的原因之外，与刘氏兄弟奉行的“诚信待人，信誉第一”的经营原则也不无关系。

希望集团一直非常重视信誉。刘永行更是将最朴素、最基本的做人原则引申到商业上，用企业道德观指导自己的经营活动。

创业之初，刘永行他们缺乏资金，更没有贷款。他们为了买种鸡蛋，由村里担保，向当地农民和一些单位赊欠了许多种蛋，这才凑够了 2 万多个种鸡蛋。万万没有想到的是，一场飞来的横祸，使他们差点破产。在最困难的时候，刘永行也没有忘记当时对农民的承诺，他咬牙坚持，卖掉了所有小鸡，将钱全部还给农民。这件事在当地一时传为美谈。

在生产鹌鹑饲料时，刘永行见到当地农民一窝蜂地养鹌鹑，便写了一封告客户的宣传书，提醒大家不要盲目跟风，否则将来鹌鹑会卖不出去，造成亏损。按说养鹌鹑的越多，他们的饲料就越好销，但刘永行不忍看到客户吃亏，即使对客户说真话可能会牺牲眼前利润，他也毫不顾惜。

在刘永行的新津总厂，原料部的门口有这样一个牌子，多年来都写着同样的内容：“应当付款的时候(节假日除外)，如果延误一天，我们甘受千分之一的罚款。”这可是银行利息的 10 倍。按刘永行的话说，如果你没有社会责任感，只为了赚更多的钱，不按商业法则去做，甚至昧着良心做事，你可以赚一些钱，但不会持续下去，更不可能做大。

在希望集团的每一个发展阶段，刘永行都时刻以“诚信”作为指导方针。而在生活小事中，他也始终用“诚信”要求自己，诚信已经成为他的一种日常习惯。

1995 年底的一天，刘永行夫妻到美国看望儿子，他们在宾馆附近的一家商店购物，店员给他们包装商品时，顺便告诉他们附近还有一家更大的商店，还告诉了他们详细的路线。刘永行一家人决定先去那个商店看看，再回来购买东西回宾馆。可是当他们找到那家大商店的时候，却发现这里有所有需要购买的东西，似乎没有必要再走回头路。而且当时天寒地冻，一家人都想早点回到温暖的房间。然而，刘永行想了想，对儿子说，“那家小店的店员非常热情，诚恳地对待我们。既然我们承诺要回去，就应该信守诺言，不要给人家留下中国人不讲信用的印象，这不是我们个人的事情。我们是中国人，应该讲诚信，这样才能维护我们国家的尊严。”儿子在刘永行的支持下，毅然在冷风中走回了最初的小店……

一件小事，折射出的是刘永行对诚信的坚守之心，也是他能够取得巨大的成功、赢得人们尊敬的原因所在。

不仅是希望集团的成功靠的是诚信，放眼望去，有哪一家企业的成功不是靠的诚信呢？大凡有所成就的企业或是企业家，诚信正是他们成功的最重要的秘诀。

“一个人有两样东西谁也拿不走，一个是知识，一个是信誉。我只要求你做一个正直的公民。不论你将来是贫或富，也不论你将来职位高低，只要你是一个正直的人，你就是我的好儿子。”这是著名企业联想集团董事局主席柳传志父亲小时候教诲他的话语。此后，无论做什么事情，柳传志都以诚信为先，以真诚为首，这一思想一直到后来他任联想集团总裁的时候都未曾改变。联想的成功，诚信便是其中的一个因素，它取信于银行，取信于员工，更取信于投资者，而这一切都离不开柳传志这位当家人，柳传志的父亲“正直做人”的教诲也许就是联想的精神支柱。

1997 年，香港联想因为库存积压造成 1.9 亿港元的亏损，这在当时是个相当大的数字。在这危急的时候，联想的领导层竟然选择了首先告之银行亏损的消息，然后再申请贷款。一般人认为，先借钱再通知银行亏损状况或者干脆不通知银行会比较容易借到钱。但是联想集团宁愿付出天价也不愿失去银行的信任。此举果然赢得银行的信任，并再次贷到了款。如果不是联想长期守信用，这件事根本就做不成。

成功的人，永远是那些具有忠诚守信的良好品德的人，永远是那些养成了忠诚守信的习惯的人。所以，要想成功，就要改掉言而无信的坏习惯，养成诚实守信的好习惯。如果你还没有养成忠诚守信的习惯，如果你还有一些不忠诚不守信的习惯，那么，请从现在开始，努力摒弃那些不利于我们走向成功的不忠不诚的习惯，培养诚实守信、言出必行的好习惯，成功就会悄然来临。

第三章

不懂礼貌，不重形象
——礼仪和形象是成功的敲门砖

礼仪和形象不仅是一个人基本素质的体现，更是成功的敲门砖。不管在任何时候，周到的礼仪和良好的形象都会让你赢得别人的好感，从而赢得更多机遇。一个懂礼仪、重形象的员工，必然会比别人有更多的机会成功。那么，从现在开始，讲究礼仪，改善言行，养成时时注意维护自己形象的习惯吧，因为成功就从你养成的这个习惯开始。

1. 良好形象是一个人行走社会的通行证

如果说现代职场是一个以貌取人的时代，可能有很多人表示反对，但是，如果说一个人的职业形象会影响到他的职业生涯，估计有很多人都会举手赞成的。老板也许并不会以貌取人，但他绝对会以形象取人，因为你的形象代表了你的内在的潜质和气韵。

一名硕士毕业生接到了一家大型公司的面试通知，通知他星期日上午九点到公司所在地参加面试，并接受有关专业知识方面的考核。

这名硕士毕业生很是兴奋，因为这家公司是世界五百强公司里面最有实力的，能获得到在这家公司工作的机会，简直太幸运了。

星期六的晚上，他的心里异常激动，原来的基础就好，这几天又这么努力，自己的专业知识肯定没问题，可是，每当他想到自己要和几十个和自己一样优秀的人才竞争时，他的心里就十分不安。于是，他晚上翻来覆去地睡不着，爬起来又对过去的知识作了温习。最后，他觉得没什么问题了才和衣而睡。

也许是太疲劳了，第二天等醒来后已经快到面试时间了，他匆匆忙忙从床上爬起来，潦草地洗漱一番，衣服也来不及换就赶往面试地点。

等他到达的时候，正轮到他去面试。他深呼吸了一下，然后镇定地走进面试的房间。在面试的时候，有一个人和他一起。

他们被问及专业知识的时候，回答得都很正确。可是，结果出来后，公司只录用了和他一起面试的那个小伙子。他心里感到很不平衡，于是就找到主考官问明缘由。

主考官说："你们两个人的专业知识不相上下，但是你的仪表不符合我们公司用人的标准。你的西服的纽扣系错了，领带也没有系好，你的头发又长又乱，更重要的是你的精神状态很不好。我们公司是一家大企业，也是一家讲究科学工作方式的企业，容不得一丝的马虎和不注重仪表的行为。"

这是典型的形象胜过能力的例子。有时候，能力固然重要，但能力的体现所需要的时间很长，不是一朝一夕就能发现的，而仪表却能给人最直观的印象，因此招聘者往往从个人的言谈举止和外貌着装等方面进行综合考察。如果你的仪表的某个细节不符合主考官的意愿和要求，那么面试成功的几率就很小了。

这似乎让许多没有经过求职考验的上一代人有些不可理解，但现代职场确实如此，职业形象已经成为决定职业命运的重要因素，不管男员工女员工，形象都至关重要。所以，塑造你的最佳职业形象是获得成功的重要途径。

有一位年轻人到一家大公司应聘，在做自我介绍时，他身体松垮地斜立着，并且右腿还不停地抖动。面试官让他坐下后，他一会儿跷起二郎腿，一会儿又向前伸脚，身体后倾倚在椅背上。面试结束后，那位面试官告诉他很遗憾公司不能录用他，因为他的这些现场秀无法让人产生好感。

这位年轻人的教训再次有力地说明了在现代职场，良好的形象有多重要。身体姿势的每一个变化通常都反映了交际者的文明程度。比如，社会交往中，步伐矫健，轻松敏捷，能让人感到年轻、健康和精神焕发；步伐稳健，端正有力，给人以庄重、沉着和自信的印象；步履蹒跚，弯腰弓背，垂首无神，摇头晃膀，往往给人以丑陋庸俗、无知浅薄或是精神压抑的印象。又比如，交谈时高跷二郎腿，随心所欲地搔痒，习惯性地抖腿，或是将两手夹在大腿中间和垫在大腿下，或是撇开两腿呈现“大”字形，或有女性在场时，半躺半坐、歪歪斜斜地瘫在坐椅上，都是失礼而不雅观的，会给人留下缺乏教养、低俗轻浮、散漫不羁的不良印象。而形象良好、姿态优雅的人，当然更容易得到别人的好感和重视。

形象不同，命运也不相同。人们如果追求人生的成功，就不得不在自身形象上下一番工夫，因为好的形象会给我们带来好的机会，良好的形象正是行走职场的第一张通行证。所以，要养成随时随地注重自己的形象的习惯，改掉那些不修边幅、不正衣冠、不讲究谈吐的习惯，随时注意给对方留下一个好的印象，你就为自己打造了一张行走社会的通行证，也为自己的成功备下了一块敲门砖。

2. 成功无关长相，但一定有关形象

俗话说，人不可貌相，海水不可斗量。意思是一个人真正的能力和本领仅仅从相貌上是看不出来的，大智若愚，大巧若拙，外貌木讷呆笨的人往往具备大智慧大聪明。所以，一个人一生的成就或是事业与他的长相并没有太大的关系，历史上貌不惊人却成就巨大的人有的是，像相貌古怪的东方朔、身材矮小的晏子、一点也不威猛的曹操，以及相貌奇丑、一脸麻子的朱元璋。传说文才武略均无人可敌的曹操也曾为自己的长相犯过愁，“自以为形陋，不足以雄远国”，找人替他接见远使，留下了一个“捉刀人”的典故。

《世说新语》记载：魏武将见匈奴使，自以形陋，不足雄远国，使崔季珪代，帝自捉刀立床头。既毕，令间谍问曰：“魏王何如？”匈奴使答曰：“魏王雅望非常，然床头捉刀人，此乃英雄也。”魏武闻之，追杀此使。

翻译一下就是：曹操将要接见匈奴的使臣，他自认为形貌丑陋，不足以威慑匈奴，就让身材高大、长相又俊美的崔季珪代替他接见，他自己握刀站在坐榻旁边做侍从。

接待完毕，曹操派人去问匈奴使者："魏王这人怎么样？"匈奴使者评价说："魏王风雅高尚、仪容风采，但是坐榻边上握刀的那个人才是真正的英雄。"曹操听后，就派人追去杀了这个使者。

可见一个人的成功与否，与身材的高矮、相貌的优劣其实并无关系。历史经过了几千年，到今天虽然我们已经进入一个"眼球时代"，但成功与相貌的关系依然不大。

比如一手缔造了阿里巴巴帝国的马云，在相貌上确实无可恭维，马云自己也常常拿自己的外貌自嘲，但是这并没有影响到他成就一番事业，获得非凡的成功。

成功与长相无关，也许正是因为他们貌不惊人却成就斐然，以至于民间还有一句俗话，"奇人自有异相"，说的是那些相貌丑陋稀奇的人，往往身负绝技，非同凡响。但这并不是说我们可以不注意自己的形象，像济公一样鞋儿破、帽儿破，一把扇儿破，满面尘灰，不修边幅，完全不注意自己的形象，那成功绝对与你无缘了。因为成功不关长相，但绝对与形象有关。

小张是一位热情活泼的女孩，在工作中也是兢兢业业，很卖力气。可她在公司的发展却不如别的同事。她自己觉得很委屈，可又找不出原因，便向自己的好朋友小李吐露了自己的烦恼，小李想了一下，说："这样吧，明天我到办公室里找你。"

第二天，小李来到小张的办公室，这是四个宽敞明亮的大写字间，里面大概有百来号人，都趴在桌上忙碌着，电话声、电脑的声音此起彼伏，中间夹杂着职员们小声地讨论，一切都显得井然有序。

可是在窗户边有一个人吸引了小李的注意，只见她侧坐在工作椅上，一手托腮若有所思。上身穿着一件时髦的吊带小背心，下边穿着一件露脐的牛仔裤。这身打扮在大街上应该是很时髦的，可是在这紧张的工作间中，怎么都让人觉得是那么的不协调。等那个人转过来之后，小李一看，正是小张，她脸上还有着靓丽的彩妆，使整个人显得非常时髦。

小张见小李来了，急忙将她拉到会客室坐下，问她看出什么原因了没有。小李笑笑说："你呀，坏就坏在这身装扮上，你知道我刚才看到你有什么感觉吗？"小张显得很是惊讶："你有什么样的感觉？我这样子难道不好吗？"小李不客气地说："你难道不觉得你就像一个为情所伤的女孩子正在黯然神伤吗？别人看到你这副模样怎么会信任你呢？"小张觉得很委屈："我正在为公司的一项业务伤神呢？难道他们会不知道吗？"

"这都是你的形象惹的祸！"小李直言不讳地说道，"你看看其他人，男士都穿着很整洁的、颜色很单一的衬衫西裤，女士们都穿着颜色优雅的套裙，他们给人的感觉就是精明、干练。而你呢，穿着休闲的服装，脸上还化着彩妆，哪里像个办事的职员呀？别人又怎么敢相信你呢？上司又怎么会委你以重任呢？你不能得到很好的发展又能埋怨谁呢？"

小张看看写字间里忙得不可开交的同事，再看看自己这身打扮，自己也觉得不够协调，脸不知不觉就红了。后来，小张很注意自己的形象，她也很快得到了提升和重用。

一个人的形象是一个人最好的"名片"。一般人通常根据最初印象而将他人加以归类，然后再从这一类别系统中对这个人加以推论并作出判断。人与人之间的相互交往、人际关系的建立，往往是根据对别人的印象所形成的论断。良好的形象往往能够为自己加分，对自己成功起到极好的推动作用。

有一位叫珍妮的小姐去参加美国联合航空公司的招聘。当然她没有关系，也没有熟人，也没有先去打点，完全是凭着自己的本领去争取。结果她被聘用，原因很简单，那就是因为珍妮小姐脸上总带着微笑。

令珍妮惊讶的是，面试的时候，主试者在讲话时总是故意把身体转过去背着她。你不要误会这位主试者不懂得礼貌，而是他在体会珍妮的微笑，感觉珍妮的微笑。因为珍妮的工作是通过电话完成的，是有关预约、取消、更换或确定航班的事情。

那位主考者微笑着对珍妮说："小姐，你被录用了。你最大的资本是你脸上的微笑，这正是我们最需要的职业形象。你要在将来的工作中充分运用它，让每一位顾客都能从电话中体会到你的微笑。"

形象与命运休戚与共。无论我们认为从外表衡量人是多么肤浅和愚蠢，但社会上的一切人都每时每刻根据你我的服饰、发型、手势、声调、语言等自我表达方式在判断着你我。无论我们愿意与否，我们都在留给别人一个关于我们形象的印象，这个印象在工作中影响着我们的升迁，在商业上影响着你我的交易，在生活中影响着你我的人际关系和爱情关系，它无时无刻不在影响着我们的自尊和自信，并最终影响我们的成功。

如果你足够努力，足够忠诚，也足够敬业，却总是得不到重用，得不到提拔，那么也许你该反省一下，你的形象问题了。

在哈里法克斯银行工作了15年的妮娜是个英国和牙买加的混血儿，她拥有每个女人梦想的体形，极其性感的三围，还有迷人的、热情友好的性格，她在交易层上有非常良好的人缘，更重要的是，妮娜对工作兢兢业业，深受同事的喜爱和欢迎。

今年已经39岁的妮娜非常知道自己拥有女人的"特殊武器"，她无时无刻不在上班时展示自己的性感魅力。每天她都会穿着更加突出自己性感的衣服——紧身的黑裤子紧紧地裹住高翘的、宽大的臀部，弹性的紧身衣勉强罩住突出的胸部——扭动着性感的腰身，婀娜多姿地走进哈里法克斯银行的大门。自从大学毕业后15年来，她就这样进进出出这个银行的大门。当年的同事都早已升迁或者跳槽到了其他银行，妮娜至今仍然在自己进来时的位置上，是个产品控制助理员，没有任何上升的趋向。在这个银行工作了15年的经验没有为她的职业生涯增加任何有价值的背景，她向猎头公司送去的简历毫无音信，要步入40岁的妮娜只好在这个不给自己任何机会的银行和这个毫无希望的助理位置上混下去了。

为什么一个有魅力、受人欢迎、工作能力并不差的女人15年都走不到管理的位置上？妮娜所在的部门经理麦克虽然对她的工作能力毫无不满，而且还颇为欣赏，但是，他却从来没有提升妮娜的意图，而两年前来到这个部门的新手都已经变成了妮娜的项目经理。无论麦克多么繁忙，他都不让妮娜代表自己的部门去参加任何会议，而宁愿让刚毕业半年的托尼代替。麦克说："我无法看到当她代表我的部门时，我们能够得到别人的尊重。她的性感会吸引太多的注意力，而这并不是我们期望的、积极的注意力。我无法想象，她这样的穿着如何能够坐在经理的办公桌后面。"妮娜的性感让她付出的是15年来事业停滞不前的代价。

良好的形象不是漂亮的脸蛋，也不是性感的打扮，更不是华贵的名牌和名贵的珠宝所能表现出来的，而是与你的职业、与你的知识、与你的身份、与你身处的场合相辅相成的打扮和气质，是一种彬彬有礼的气度，一种尽在掌握的自信，一种亲切大方的随和，一种尽心尽力的热情。一味追求美丽或是性感的打扮，纯粹是在自毁形象，绝对是不利于成功的。这一点，对于职场员工特别是女员工，尤为重要。

形象需要塑造，但千万不要以为形象只是发型、衣着等外表的东西，现代意义的形象包括仪容（外貌）、仪表（服饰、职业气质）以及仪态（言谈举止）、行为规范、专业形象等方面，其中最为讲究的是形象与职业、地位的匹配。一个好的形象，不光是把自己打扮得多么美丽、英俊，最主要的是要做到自身发型、服饰、气质、言谈举止与职业、场合、地位以及性格相吻合。其中最重要的当然是要体现出你在职业领域的专业性，任何使你显得不够专业化的形象，都会让人认为你不适合你的职业。

同时，职业化形象也是你在自我思想、理想抱负、个人价值和人生观等方面与社会进行沟通并为之接受的方法。职业化形象是要体现出你在该职业领域的专业性。任何使你显得不够职业化的形象，都会让人认为你不适合你的职业。如果你想事业有成，首先你得让人看起来就有可能成为事业有成的人士。

职业形象要表现得专业，首先要在衣着上尽量穿得像这个行业的成功人士，宁愿保守也不能过于前卫时尚。另外最好事前了解该行业和企业的文化氛围，把握好特有的办公室色彩，谈吐和举止要流露出与企业、职业相符合的气质；要注意衣服的整洁干净，特别要注意尺码适合；衣服的颜色要选择皮肤的中性色，注重现代感，得体大方。

职业形象要达到几个标准：与个人职业气质相契合、与个人年龄相契合、与办公室风格相契合、与工作特点相契合、与行业要求相契合。个人的举止更要在标准的基础上，在不同的场合采用不同的表现方式，在个人的装扮上也要做到在展现自我的同时尊重他人，还要顺眼，协调，得体。

良好的职业形象绝非一朝一夕就能养成，它必须经过精心的策划和长期的磨炼。当今时代是一个张扬个性、丰富多彩的时代，个人形象的设计不但要根据行业统一标准的基础而定，也要协调自我的喜好、兴趣。灵活掌握外在形象设计和内在涵养的修炼是人生的重要一课。

只要改掉一些不好的习惯，就能形成良好的形象。大致不妨从以下几个方面多加注意：

(1)言行举止要讲文明礼貌

行为举止要规范得体，初次与人接触，说话要注重语言，不能说太多脏话，若不然，别人就会感觉你这人太没修养。同时，对人要有礼貌，要讲礼节，等等。

(2)态度要真诚

待人接物要不卑不亢，有礼有节，不刻意奉承，也绝不随意贬低别人。对初次见面的朋友，要一视同仁，礼貌周到。在人际交往中，要拿出真诚的心。每一个人都讨厌别人对自己虚伪和不真诚。当你与一个人打交道，他总是口是心非，你就不会对他有什么好感。初次与人打交道，说话要实事求是，要有依据，不要夸夸其谈，不该说的，尽量不去说。这一点在你与别人的初次打交道中尤其重要。

(3)要注意着装和修饰

职业化形象塑造的核心是构建个人职业品牌，树立个人在本职岗位上的良好口碑！成熟稳重、得体合度是职业形象塑造的关键，所以在日常工作中一定要注意表现出自身的成熟、端庄以及专业。衣着要得体洁净，妆容要整洁自然，等等。

人的穿着和外表修饰是很重要的，穿着和自己的工作、气质相符的服装，就会为成功办事打下良好的基础。打扮和修饰要符合自己的行业特色、企业文化、办公环境、个人职位、个人特色等。

当然，要给人良好的印象，还需要注意其他很多事项，一般视具体情况而定。同时，也要靠自己平时去摸索。

每个人都希望能够把事情做好。所以，大家对于那些办事干脆利索、能够把事情做好的人都有着极好的印象，都会对这些人赞赏有加，另眼相看。对于一个办事拖沓、让人产生不了一点信任感的人，又怎么能够让你产生信赖感呢？

如果没有为自己树立一个利索能干的形象，这样大家就自然不会对他产生信赖感，又怎么相信她能够把事情办好呢？反之，如果为自己树立一个能干、很会办事的形象，就会得到大家的信赖，自然而然就会取得好的效果。

一个成功的形象，展示给人们的是自信、尊严、力量、能力，它并不仅仅反映在对别人的视觉效果中，同时它也是一种外在辅助工具，让你对自己的言行有了更高的要求，能立刻唤起你内在沉积的优良素质，通过你的穿着、微笑、目光接触、握手，让你浑身都散发着一个成功者的魅力。

3. 行为邋遢只会让你事事无成

眼球时代，形象比任何时候对于成功都有更为重要的意义。所以，一个人想要在这样的时代有一番成就，登上成功的顶峰，精明、干练、清爽、怡人的形象必不可少。只有那些时时刻刻都注重自己形象的人，才能离成功更近。而行为邋遢、不修边幅的人，只会事事无成。

数学女博士韩杰在英国的一家投资银行做数量分析员已经8年了，她的同事鲍勃这样描述她："自从我第一次见到她，她就穿着那件看起来质量不高的黑色西装夹克，衣服上还留有一点印记，仿佛是喂孩子时留下来的，她的头发也不是认真梳理过的样子，脸上更是从来也没有修饰，她好像从来没有意识到自己是个女人。在这个十分注重外表的银行中，尤其是在精心修饰、衣着突出的英国同事中，她显得就像个毫不起眼的清洁工。"8年的时光，她的外表没有任何的改善，至今她依然在8年前的位置上舒适地停留着。遗憾的是，出于尊重韩杰的自尊心和私人空间，鲍勃无法告诉她这个尴尬的现实——不是因为能力、性格或是其他的什么，只不过因为她太邋遢，太不在意自己的形象了。

世界著名形象设计大师莫利先生在进行了30年的调查和统计后发现了一条导致职场精英——特别是女性——失败的致命真理：邋遢是一个人成功的最大障碍。穿着不当或不懂得穿衣的女人永远不能上升到管理阶层！研究证明，穿着得体虽然不是保证女人成功的唯一因素，但是，穿着不当却能导致一个女人事业的失败！

莫利先生发现的这条真理被无数的人所证明。你想一想，有谁愿意看到一个不修边幅、邋遢脏污的人坐在你的对面和你谈判呢？又有谁会相信这样的人有能力或是有实力把一个项目做好呢？又有谁能放心大胆地与这样的人合作呢？只有具备良好的形象意识，时时刻刻注意打造自己的良好形象，成功才能更简单。这是许多成功人士的亲身经历，也是他们的经验总结。

日本的著名企业家松下幸之助从前不修边幅，企业也不注重形象，因此企业发展缓慢。一天，理发时，理发师不客气地批评他不注重仪表，说："你是公司的代表，却这样不注重衣冠，别人会怎么想？一个人连自己都这样邋遢，他的公司会好吗？"

这句话如醍醐灌顶，让松下幸之助明白了一个重要的道理。

从此松下幸之助一改过去的习惯，开始注意自己在公众面前的仪表仪态，生意也随之兴旺起来。现在，松下电器的种类产品享誉天下，这与松下幸之助长期率先垂范，要求员工注意形象是分不开的。

干练、精明、能干而又干净、清爽的人，任何人都乐于和他们打交道，他们总是很容易得到别人的信任。因为大部分人都会认为，一个人注意自己的形象，最能证明他是一个自律、克己和严肃认真的人，和这样的人打交道，自然会更放心一些。所以，只有为自己塑造一种利索、能干的形象，才能够使别人对你产生一种信任的感觉，才能够使别人敬畏你，你办起事来才能够如鱼得水，自然就会将事情办好。

形象是一个人成功的重要因素之一。如果总是不修边幅、行为邋遢、办事拖拉，那成功注定与你无缘。所以，养成干净、利索的好习惯，使别人都信任你，都愿意与你合作，还有什么事情不能够办好呢？

4. 礼貌对人才能获得好人缘

礼貌，是一个人的基本素质，也是一个人获得好的人缘、得到他人帮助和青睐的最基本的品质。在职场，礼貌更是人际关系和谐发展的调节器，人们在交往时按礼仪规范去做，有助于加强人们之间互相尊重、友好合作的关系，有利于缓和和避免不必要的矛盾和冲突，获得更好的人缘，使自己与成功更近。

礼貌待人，是指与人交际时所持有的诚恳和气、谈吐文明、举止谦恭的待人态度。它反映着一个人的精神面貌和文化素质，是一个人心灵美、语言美和行为美的和谐统一，更是人际关系最好的润滑剂。一个讲文明有礼貌的人，注定会得到更多的人的喜欢，也会赢得更多的人缘，从而让自己也更容易得到成功。因为许多的关系都是从礼貌中来的，许多的机会也潜藏在你的礼貌之中。这是众多成功人士的经验结晶。

《史记·留侯世家》记载了张良尊敬老人，为老人拣鞋、穿鞋，并得老人赠以《太公兵法》的故事。张良勤苦攻读，学到了丰富的军事知识，后来辅助汉高祖刘邦打天下，“运筹帷幄之中，决胜于千里之外”，立下了汗马功劳。

刘备屈尊降贵，三顾茅庐，恭请诸葛亮；诸葛亮出山后，刘备对诸葛亮“以师礼待之”。诸葛亮感念其对己之礼之诚，尽心辅佐，鞠躬尽瘁，死而后已。

孙中山先生就任中华民国临时大总统后，生病住院期间，每次接到护士送来的药品，总要微笑着说：“谢谢您。”1925 年，孙中山先生患肝癌病势严重。弥留之际，他吃力地对一位护理人员说：“谢谢您，您的工作太辛苦了，过后您应当好好休息休息。”听到这话，在场的人都感动得泣不成声。

前人的宝贵经验值得我们每一个人借鉴。随着社会的进步和发展，人们越来越认识到，礼貌待人是公共生活中人与人之间相互关系的行为准则和道德规范。它能够使社会和谐有秩序，从而维护社会生活的正常进行。

人类社会需要交往。人们在学习、工作和生活中难免发生矛盾，礼貌待人，可以化解矛盾，避免冲突；如果不讲礼貌，就会激化矛盾，加剧冲突。比如，乘公共汽车时，你不小心踩了人家的脚，应主动致歉，说句“对不起”，对方的不快情绪便会立刻平和下来，继之回应一声“没关系”，相视一笑，万事大吉。相反，要是踩人者没表示歉意，被踩者很生气，双方必然唇枪舌剑，越说越僵，甚至会挥拳相向，混战一场。

礼貌待人，可以增进感情，加强团结。一句亲切的问候，会使对方暖意盈怀；和蔼诚恳，会使对方如沐春风……我们只要留意周围就不难发现，讲究礼貌的人，大都与同学同事关系和谐，与街坊邻里相处和睦，往来朋友多，亲朋情意深，人缘关系深厚，自然成功也就更加容易。

星云大师在他的《星云大师谈幸福》一书中专门谈到了关于礼貌与人缘的关系,我们不妨一读:

中国有句老话"礼多人不怪",这个礼不仅表现在行动上,还表现在一套应对的语言上,例如,见面就问:尊姓、大名、贵庚、仙乡、尊翁、令堂、贵干、劳驾、多承教诲、多蒙赐教等,大家都是"以礼相对",不容易冲突。

在今日的丛林寺院里,来自于十方的衲子,也有一套丛林的用语,能使大家"口和无诤"地和平相处。例如:上下、法号、大名、令师、礼座、接驾、法驾、告假、请开示、惭愧、晚学、大德、学人、不敢打扰、慈悲开示、慈悲原谅、您好威仪、您真亲切、您很发心……尽管大家来自不同的地方,各有不同的性格,但是有了一套礼貌性的语言,彼此也就不容易起计较、不容易有争执了。

血气方刚的年轻人之所以一言不合就相互争执,甚至大打出手,问题就在于没有一套"承受教诲"的语言,甚至一不小心就用了质问的语气,因而针锋相对,惹祸上身。

一个人应多学习无诤的语言,例如:请、对不起、谢谢你、非常抱歉、非常惭愧、打扰你了、感谢给我学习的机会、我能为您服务什么、久仰大名、幸会幸会、多承关注、请多指教、岂敢岂敢、不吝指教,等等。经常把这些客气、尊重的话语挂在嘴边,人们之间必然会泯去许多无谓的计较,必然会消除许多烦人的纠葛。

自古就有"一言兴邦、一言丧邦"的明训,讲话确是一门艺术,我不要求徒众个个都能言善道,但至少要应对得体,如果能在责备的话里带抚慰,批评的话里带赞扬,训诫的话里带推崇,命令的话里含扶掖,能抱着如此诚恳和平易的心境讲话,一定会到处有人缘。

"礼"是一种约束人们外在行为的规范,使心和行为、实质和形式达到调和,使人格境界圆满,故孔子常说:"恭而无礼则劳,慎而无礼则葸,勇而无礼则乱,直而无礼则绞。"故"礼"之用,以和为贵。

在团体中与人相处,知和、能和,才能和气、和平、和好、和悦、和顺、和祥、和谐、和衷共济、和气生财！

我常以四句话提供给大家，来改善人我之间的关系。

“初见三句话”，大家初见面讲三句好话：你好、大家好、今天天气很好。

“相逢一微笑”，大家见面时，面露笑容。

“争执一回合”，有争执时，只限一回合一句话，不要一直争下去。

“赞美要适当”，称赞人家要恰如其分。

果能如此，人我关系定能和谐、改善。

大师的话说得中肯，说得实在，更说得实用。礼貌确实是人缘关系的润滑剂，时时处处有礼、讲礼，自然朋友众多，事事顺利。

其实对人有礼貌并不是一件很难的事，只要保持自己的谦逊和宽和，任何时候都对别人持一份尊重，就会时时刻刻有礼貌，也就能获得好人缘了。

5. 懂礼仪重形象才能让成功更近

礼仪和形象是成功的敲门砖，也是自我发展的第一张通行证。因而，我们只有提高自己的形象礼仪素质，培养讲礼貌重形象的习惯，才能使自己离成功更近。那些看起来好像是轻松成功的人，永远是那些有着良好的形象、处处都彬彬有礼、举止优雅的人。曾任惠普科技总裁的卡莉·费奥莉娜可以说是一个最好的例证。

卡莉·费奥莉娜出现在众人面前总是衣着漂亮得体，气质高雅,略施粉黛的脸上有着迷人笑容和炯炯目光,流露着雄心和勇气的同时也充满着温情和亲和力,周身给人的感觉是果断干练又不失女性魅力。

费奥莉娜是一个非凡的女人,1980 年时,她还只是 AT&T 公司最基层的一名财会员,凭着自己的才干、努力、信心和永不放弃的精神,她一步步由财会员、朗讯科技负责人,做到惠普公司的 CEO,成为美国商界最有影响力的女强人之一,这不能不说与她高度重视礼仪和形象大有关系。

毫无疑问,费奥莉娜是一位极有魄力的女性,而同时,她又是一个以魅力而闻名的人。她很在乎自己的形象,讲究化妆和服饰,同时善良谦逊,长于应酬和交际,在各种场合应对自如。她任朗讯科技负责人时,只要员工工作出色,她便会送去小礼物以示祝贺,而高级经理的妻子生病后,她会更积极地提供帮助。她充满人性化、人情味的人格魅力,帮助她赢得了人心。

无数的事例表明,良好的形象和礼仪不仅能够提升个人品牌价值,而且还能提高自己的职业自信心,帮助你获得成功。所以,如果你现在还不懂得塑造形象,还不懂得打扮齐整,还是一幅不修边幅、邋里邋遢、不重礼仪、不拘小节的派头,你应当马上觉醒,立即改正了,因为这样实在太不利于你的成功了。

现在很多公司里年轻人很不注重礼节和礼貌问题,大大咧咧,漫不经心,以自我为中心,不懂得尊重和理解,更难以谦让和宽容,甚至有些人的礼貌还是有选择性的、势利的,这样的人绝不可能赢得好人缘,更难以有所成就。听听下面这家公司财务主管的话就明白了:

我们公司的场地构造有点特殊,进门的玄关旁边有一个座位,因为我是财务经理,不用和项目组的同事坐在一起,所以玄关旁边的位子就是我的座位。

我们前几个月新来了一个大学毕业生,每次进门首先看见我,招呼不打一声头也不点一下不说,还直瞪瞪看了我一眼就走进去了,我怀疑他可能以为我只是相当于前台的阿姨,所以如此不屑。后来过了几天，大概他终于搞清楚我并非什么接接电话、收收快递的阿姨，而是掌管他每个月工资的“财政大臣”，猛地一天就殷勤起来，一进门就叫“刘老师”，叫得很响亮。可是，我心里的感受却不一样了，即使他现在对我再怎么尊敬，毕竟是有原因的，我对他也生不出什么好感来。我就很纳闷怎么一个堂堂大学生刚进社会就学会了势利？如果我真的是前台阿姨，是不是他这辈子都不打算跟我打招呼？

新人刚进职场，礼貌很关键，人际关系一定要妥善处理，不能以貌取人或者想当然，要记得地位低下的员工同样也是前辈或者长辈，哪怕是打扫卫生的阿姨，如果正好清理到自己的纸篓什么的，记着说一声“谢谢”，就会平添自己很多的亲和力和人缘。刚刚毕业的大学生真的是要好好树立自己在公司的第一印象，这可不是闹着玩的。

礼貌不是繁文缛节，而是对别人的一种真诚的尊重。千万不要把礼貌当作一种工具，一种应付手段。为自己营造一个虚假的氛围，这样的礼貌是不可能对你的成功有利的，只会阻碍你。

礼貌其实就是社会生活的润滑剂。齿轮与齿轮彼此咬合转动，假如没有润滑剂，就会打坏齿轮，而且发出吱吱的响声，甚至还会因为摩擦太大产生火花，缩短机器的寿命。人与人之间也需要润滑剂。任何人在工作中都会遇到各种各样的人，也许性别不同、年龄不同或者思考方式不同，要想与这些人融洽相处，就需要润滑剂。礼貌恰恰能起到润滑剂的作用。有了这个润滑剂，一切的矛盾和问题都会迎刃而解，不再成其为问题，这不论对于我们打造人缘还是开创事业，都意义重大。

有一次，英王室举行盛大宴会，招待印度部族头领。宴会结束时，侍者为每一位客人端来一小盆洗手水。印度头领不懂这一礼节，接过盆子，把清水一饮而尽。在场所有的英国人都愣住了，觉得这是一件很可笑的事。但未等他们笑出声来，温莎公爵从容地端起洗手水也一饮而尽，接着别的英国来宾也都这样做了，没给印度头领带来任何难堪。

日后，当印度部族头领知道了这一真相的时候，他非常敬佩温莎公爵的思维敏捷，同时也更敬佩温莎公爵的礼貌，从此，也决定了日后与英国的友好贸易往来。

礼貌的本质就是尊重。这种尊重应该是发自内心的最真实的表达。礼貌并不复杂，有时只需要轻轻地做一些自己力所能及的事就好，并逐渐把它养成习惯，这种习惯对于我们的未来就会意义非凡。“早上好”、“您好”、“您真漂亮”等这样的语言，简单之极却有用之极，这些基本的礼貌就足以给你带来最好的人缘。

注重自己的形象，时时都讲礼仪，这样的人，注定会收获人生的成功。

第四章

忽略健康，忽视安全
——健康和安全是成功最大的资本

现在有很多员工养成了熬夜加班、连续奋战、玩命工作、不顾危险、不讲安全的坏习惯，还认为为了工作这么做是应该的。而实际上，这种忽略健康、忽视安全的习惯是一种最不利于成功的恶习，因为没有健康和安全，就没有一切，一切都是空的，虚的，转瞬即碎转眼即逝的。如果不能改掉这样的习惯，就永远不会有成功，因为健康和安全是做任何事情的前提，是成功的最大资本。拥有健康和安全才有奋斗的资本，才有实现梦想的机会，才有享受幸福的权利。

1. 健康和安全是一切成功的前提

俗话说，身体是革命的本钱。其实健康不仅仅是革命的本钱，更是我们做一切事情的本钱，成就一切事业的根基，是一切成功的前提。如果没有了健康的身体，任何理想、目标，都将化为泡影。身体是我们做任何事情的前提，没有它，什么都是空的，是虚的，是不可能的。那么多英年早逝、留下无穷遗憾的成功人物，就是最好的例证。

2009年6月26日凌晨，“流行之王”迈克尔·杰克逊在美国洛杉矶去世，终年50岁；

2009年6月5日，央视著名主持人罗京因患淋巴癌在京去世，终年48岁；

2008年1月2日，央视著名新闻评论部副主任、《东方时空》创始人陈虻因胃癌去世，终年47岁；

2008年8月5日，年仅36岁的浙江大学数学系教授、博导何勇因病去世，死因诊断为过劳死；

2008年7月22日凌晨，北京同仁堂股份有限公司年仅39岁的董事长张生瑜突发心脏病去世，被誉为“药中茅台”的同仁堂股份痛失“少壮派掌门人”；

2007年6月23日，著名相声演员侯耀文因心脏病突发去世，享年59岁；

2006年1月21日，上海中发电气董事长南民，因急性脑血栓辞世，终年37岁；

2005年8月30日，著名演员傅彪因肝癌去世，终年42岁；

2005年8月18日，著名小品演员高秀敏因心脏病在家中去世，终年46岁；

2004年11月7日，均瑶集团董事长王均瑶因患肠癌医治无效死亡，终年38岁；

……

正是最好的年华，正是春风得意、事业鼎盛之时，正是他们生命力和创造力最旺盛的时刻，却英年早逝，怎不令人扼腕叹息！他们都是成功人士，都在自己的领域里取得了巨大的成功，他们都是强者，但最终他们没有输给竞争对手，却输给了自己，一切的事业、一切的梦想、一切的追求以及一切已经获得的幸福、荣誉、名利都在眨眼间成为幻影，成为虚空，怎不令人掬一把同情之泪！试想一下，如果他们都还在，如果他们都还健康地活着，他们还会创造多少成功、多少业绩、多少令人惊叹的奇迹！

然而，真正明白健康和安全的重要，懂得健康和安全的意义，并养成维护安全、重视健康的人，却并不多。我们常常看到在工作中，为了工作，为了未来，为了业绩而不顾健康和安全的人却大有人在。他们外出办事总是饮食无定，有时甚至一点东西也不吃，就是吃也不注意营养的均衡。他们还总是想方设法缩短再缩短自己睡眠和休息、娱乐的时间，显示出一种为了成功而拼命的架势。由于他们经常摧残自己的身体，所以，他们的头发早白，额上的皱纹早现，心灵极易早衰，沉沉暮气早早到来，似乎不知道实现自己的宏伟计划需要相应的体力作为支撑。所以，一个人对自己的体力切不可随意消耗，对自己的身体要注意保养。

很多人为了节省金钱，便无视身体必需的营养。他们站在饭店的柜台旁，匆忙吞一块面包，喝一杯牛奶，便算解决了一餐。他们以为这样省时又省钱，殊不知如果走进一家好的饭店，从容地享用美味而营养的食物，然后休息片刻，再投入工作，会对提高工作效率产生多大的帮助。但是，他们已经养成了这样的不良习惯，并且心安理得，不以为然。殊不知这种以牺牲健康换来的事业成功或是企业的发展，是最最得不偿失、最不值得、也是最可悲可叹的。

曾经有一个社会调查机构做过这样一个调查，在街头随机采访路人，问的问题是人这一辈子什么最重要？结果超过百分之九十的人回答是："事业成功最重要。"然后他们来到医院，对医院的病人和家属也是问同样的问题，结果是接近百分之百回答："健康最重要。"

有很多东西，我们直到失去的时候才知道它的珍贵，就像只有进了医院的人才真正明白健康的重要一样。有的人前半辈子拼命透支身体，为了追求所谓的成功，到了下半辈子可以享受生活的时候，却不得不把以前的积蓄全部拿出来交给医院，即使这样也换不回自己的健康，只能徒作伤悲，怅然自悔，可是一切已经来不及了。

健康才是一切事业的基础和前提，没有健康，一切都无从谈起，所以，不论是谁，不论你是高高在上的老总还是努力奋斗的员工，无论你是功成名就的大家还是刚出校门的学生，都要关注健康、重视健康，呵护自己，呵护身体，这样才有资本闯出一片天地，才有能力为家人挣得一方基业，才有机会与成功拥抱，也才有机会享受自己的成功和辉煌！

所以，养成重视健康和安全的好习惯，对于工作，对于成功，对于人生，都至关重要。

2. 失去健康，一切都不过是0

有人给健康打了一个很形象的比喻：健康是1，其他的，比如财富、名望、地位、家庭、幸福、成功等都是跟在这个数字后面的若干个0。有1在前面，后面跟的0越多，证明你拥有的越多；但如果1没有了，即使再多的0聚在一起，也还是0，还是空，还是一无所有。

这个比喻真是太形象、太精辟了。如果失去了健康，我们还会有什么呢？一切都只不过是0，只不过是空，就算富甲天下，就算位及至尊，那又如何？这些东西也会随着你的健康的失去而离你远去。

2010年10月27日，上海东方大鲨鱼篮球俱乐部官方发布消息称，上赛季在球队效力的小前锋谷奥克因健康原因退役。

上海男篮官方网站中写道：上海男篮原队员谷奥克因健康原因退役。谷奥克出生于1988年12月，身高1米96，前锋，是上海男篮很有潜力的年轻队员。俱乐部对他的过早退役深表惋惜，并衷心祝愿他能够早日康复。

谷奥克是上海队锋线上的潜力新人，身体素质非常出色，拥有90公分的助跑弹跳。上赛季谷奥克就因为身体原因没有出战，在08—09赛季谷奥克场均在10.3分钟的时间内拿到3.65分和0.7个篮板球。

谷奥克也成为上海队继徐咏之后，第二位因为健康原因提前退役的年轻球员。徐咏因罹患骨髓癌而退役。

这两位颇具天分的运动员原本已经是篮球场上闪耀的明星了，如果不患病的话，今天他们一样还在篮球场上驰骋，还在为实现自己的梦想而努力拼搏，也许有一天，他们也会像姚明一样拥有令人惊羡的成功。但是，现在，因为病痛，因为失去了健康，他们不得不黯然地退出自己的舞台，抛弃自己的梦想，这种有梦想却不能去实现的痛苦，也许更令他们伤怀。

健康是生命的源泉，健康是事业的先决条件，是工作的原动力，更是梦想实现基础和保障，不管你梦想和追求的是钱财、地位、快乐、名利或是其他的什么，都要以健康为前提才可能实现。没有健康，一切都是空的，虚的，难言的和痛苦的。有健康才有能力去实现梦想，有健康才能有心情享受梦想实现的幸福，有健康才能让我们继续对梦想的追求，有健康才能让我们一路向目标进发，有健康才能使我们取得成功。

没有健康作前提，没有人可以取得成功。因为有了健康，我们才有足够的精力和能力向着成功的方向进发。没有健康，即使以前的成功也会离你而去，剩下的只有遗憾和后悔。

> **53岁的美国毕马威会计师事务所董事长兼首席执行官龙金·奥凯利，2005年5月被诊断为癌症，仅余下3个月的生命，他利用这100来天的时间讲述了自己生命最后的时光，在《追逐白光》中他写道：他们没有真的动机或明确的时间来中断一下他们为之奔忙的事情，后退一步，他们许多人都挺富足，许多人拥有的财富超过了他们的需要。为什么扪心自问“我如此这般为了什么”这个简单问题时，如此令人恐惧？**

如果有谁知道“如此这般地忙碌和苦累”只是为了离死亡更早一些更近一些，相信没有一个人会不感到恐惧。财富、成功、幸福和快乐，这些都是人们渴望的，于是就给自己设定目标，激励自己向着目标努力，这些都是无可非议的。但是，人们在追求梦想的路上，却忽略了甚至牺牲了自己最宝贵的财富——健康，那又怎样能够取得财富和成功呢？即使取得了财富和成功，而自己却重病在身，甚至命丧黄泉，那又如何能够享受幸福和快乐呢？健康的直接表现形式是生命，而生命对于每个人来说只有一次，一个不懂得保护健康、珍惜生命的人，将注定一无所有。有位智者说得好：财富是留给孩子的，权力只是暂时的，名声乃是以后的，只有健康才是属于自己的。所以，我们在艰苦奋斗、争取成功的征途中，务必要注意保持健康。

这样的道理对于更多正在努力为未来打拼、不惜牺牲健康也要成功的年轻员工来说，也许更有启示意义。没有健康作前提，没有健康为基础，也许你连拼搏的机会也没有，你的事业何从谈起？你的成功又有什么机会？所以，改掉那些不良的、有损于身体健康的坏习惯，培养健康的习惯吧，因为只有健康的身体，才是我们向一切梦想进发、获得一切成功的最大的资本，失去这个资本，我们的人生，就将只剩下0！

3.

没有安全，现有的一切都会成空

人最重要的是什么？答案有很多很多，但最根本的答案只有一个，那就是生命。

生命对于每个人都只有一次，唯一的一次，它神圣不容亵渎，它不会重新来过，因而我们没有任何理由不珍爱自己的生命，不珍爱别人的生命。怎么珍爱？如何珍爱？答案只有一个：安全！

生命需要安全。没有安全，生命没有保障，没有安全，生命随时可能凋残，安全是生命的保护神，安全是生命的护身符。生命是“天”，安全是“地”，唯有立足“安全”这块地，方能顶起“生命”之蓝天。因为安全是生命的前提，安全是生命的保障，安全是生命的延续。

什么是安全？有人说无危为安，无损则全；有人说安全是根，安全为天。最简单的理解就是，没有危险、不受威胁、不出事故、不丢财物、不伤身体、不受惊吓、不病不痛，就是安全。

但就是这样一个看似简单的问题，施行起来并不顺利，说起来容易，做到却很难了。我们身处的这个世界纷繁复杂，气象万千，人类不过是其中的一粒微尘，可能会受到任何的伤害，不说别的，风雨雷电、山川河流、动物植物中就潜藏了数不清的危险和灾难。在现代社会，各种高科技在为人们带来方便快捷的同时也隐藏了更多的危险于其中。工作中，生活中，在路上，甚至吃饭、睡觉这样简单自然的事情，如果不注意防范，也可能伤害到我们的生命。生命的大海中有太多的暗礁，太多的恶浪；生命的路上有太多的荆棘，太多的坎坷；生命的征程里有太多的危机，太多的灾祸。生命的过程中危险无处不在，无时不在，因而安全事故也就如影随形，时时发生。有不可避免的天灾，像地震、洪水、大风；有人祸，像恐怖袭击、爆炸、凶杀；而更多的却是因为我们的疏忽和大意导致的事故，让自己、让家人、让更多无辜的生命陷入危险，受到伤害，留下的永远只能是伤痛的泪水和无助的悔恨。

2001年7月7日，广西南丹县大厂矿区龙泉矿冶总厂拉甲坡矿发生特大透水事故，这是一起因南丹县大厂矿区违法开采，以采代探，乱采滥挖，矿业混乱，违章爆破引发的特大透水的重大责任事故。事故造成81名矿工死亡，直接经济损失8000余万元；

2002年6月20日，黑龙江鸡西煤矿发生特大瓦斯爆炸事故，115名矿工遇难；

2003年山西“3·22”特大瓦斯爆炸事故截止到26日9时，山西省吕梁地区孝义市驿马乡孟南庄煤矿已经发现62人遇难，10人下落不明；

2003年1月，江西丰城建新煤矿特大瓦斯爆炸事故致49人遇难；

2008年4月28日，胶济铁路发生一起列车脱轨、相撞的特别重大交通事故，造成72人死亡、416人受伤，中断行车21小时22分，直接经济损失4192万元；

2008年9月8日，山西省临汾市襄汾县新塔矿业有限公司980沟尾矿库发生特别重大溃坝事故，造成277人死亡、4人失踪、33人受伤，直接经济损失9619万元；

2009年6月5日8时25分许，成都北三环附近一辆9路公交车发生燃烧，致27人遇难、72人受伤；

2010年6月21日，河南省平顶山市卫东区兴东二矿发生特别重大炸药燃烧事故，死亡49人、受伤26人，其中重伤9人；

……

安全一旦失去，所有的一切都将不复存在；失去了安全，宝贵的生命眨眼间就灰飞烟散，什么都没有了……

安全是每一个人最大的需要，没有安全就没有一切，安全是一切的保障和前提，没有安全就没有一切，这是一个十分浅显的道理，按说是谁都懂谁都明白，但是事实却是安全事故逐年增多，安全形势越来越严峻，安全意识也还是很淡薄。不守规章，不遵纪律，疏忽大意，马虎麻痹的行为比比皆是，安全知识不懂，安全技术不通，安全防护不做，安全培训不去，这样的员工也不在少数，这也是为什么天天讲安全、时时讲安全，但安全事故却频频发生的重要原因。很多员工并不把安全当回事，不是做不到，而是总会被忘掉，好多人不是没有安全意识，而是安全意识淡薄。总有一些员工认为安全生产不必大事小事事事操心、面面俱到，总是认为"只要自己不出事，休管他人瓦上霜"，对别人的违章违纪视而不见；有的员工总是大大咧咧地认为"没事！以前这么干都没有出事"；有的员工因为干了几年、十几年甚至几十年，工作都平平安安，便麻痹大意，有意无意地忽视安全，有意无意地违章作业；有的员工总是认为"螺丝少紧一扣不碍事、垫片少上一个没问题、作业简化一步不算啥"，认为安全纪律守不守没关系，安全规程遵不遵守也不要紧，以至于事故频发，伤亡惨重。

这样的习惯是非改不可的，当我们已经习惯于违章时，安全就已经不再属于我们，这是非常可怕的事情。因为真正等发生事故，等一切都成空，再后悔已经太迟了。

所以，每一位员工不管在任何时候都要将安全放在第一位，养成遵章守纪的习惯，因为安全是我们一切活动的根基，没有安全就没有一切！

4. 健康和安全是成功最大的资本

健康和安全是人一生最大的资本。人的一生什么最重要？健康和安全最重要！人的一生失去什么最痛苦？失去健康和安全最痛苦！一旦失去二者，一切都会成空，一切都不复存在，一切都会离你而去。所以健康和安全就是最大的资本，健康和安全就是财富，健康和安全就是幸福！

拥有35亿资产的企业家王均瑶38岁时死于大肠癌。38岁的他正处于事业巅峰,创下巨额资产,在别人看来是一个很了不起的人物,事业上是受人崇拜的成功榜样。但人生总是有着让人意料不到的事。王均瑶因为工作的巨大压力,生意上的业务繁忙,为了工作他连吃饭的时间都要节省,经常以方便面解决正餐。

王均瑶去世之后在他的办公室抽屉里让人惊奇地发现还有一整箱的方便面。确认患有大肠癌的他向全世界说:"谁能治好我的病,我愿意把我35亿的资产作为交换。"但谁能有这个本事治好癌症得到那35个亿呢?这么年轻的一位企业家,事业上可以说是飞黄腾达,富足有余,但万万没有想到的是这个时候身体偏偏出了问题。面临着死神的威胁,这个事实足以把他从人生的最顶峰打到人生的最低谷。

在很多人看来时间就是金钱,事业就是生命,赚钱等于卖命。为了工作,可以不顾身体,不顾健康,总是认为没有生病就是健康,身体比谁都棒。殊不知身体却在我们不留意的时候一天一天地发生变化,健康在一天一天地被摧残。到最后,不管多大的成就、多成功的人生,也如轻烟般轻轻消散……这是多么让人感伤、多么令人难过的事情啊。

安全也是一样,失去安全我们就会失去一切,只有拥有安全,我们才有可能去拥有一切。健康和安全就是我们最大的资本,就是我们去获得成功的最大资本。如果没有这一点,哪怕微小的成功也不会属于我们。所以,我们要珍惜我们的身体,呵护我们的健康,维护我们的安全,珍爱这个我们最大的资本。不管从事什么职业,不管你年龄如何,都要切记:身体第一,工作第二。

无数惨痛的事实告诉我们,只有身体才是革命的本钱,只有健康才是最大的财富,只有安全才是我们成就事业、走向成功的资本!

5.

重视健康和安全，成功才会成为可能

健康和安全是成功的最大资本。如果你渴望成功，你就应当好好地维护这个资本，重视健康和安全，让健康和安全永远与你相伴。

某重点大学一年级女生张某，中学时学习成绩在班上名列前茅，初中担任班级团支部书记，高中担任班长，深得老师的信任，同学也很羡慕她。因高考成绩突出，她被一所重点大学的一个热门专业录取。

接到录取通知书后，她决心在大学学习中大显身手，保持在中学时的优越地位。但入学后在近一个学期的学习中，学习成绩在班上仅属中等水平，军训时因动作不标准受过多次纠正，宿舍人际关系也不太融洽，在班上未担任主要干部，只任小组长和宿舍室长。由于期中考试成绩一般，张某情绪低落，决定在期末一决高下。但期末考试科目较多，她在复习时情绪很不稳定，看书时注意力难以集中，复习过的内容记不住，学习效果不佳。但为了争一口气，张某连连开夜车学习，结果造成心跳过速和失眠，最后不得不休学半年。

其实不管你想干什么，身体是你唯一的本钱。没有好的身体，万事皆空。因此健康是幸福生活的基石，也是你展翅高飞的依托。它的关键性无可比拟，更无可替代。请务必把健康排在头等重要的地位！人们难以想象，当今死亡率最高的人群不是穷人也不是难民，而恰好是30至50岁的职业人士！他们创造了巨大的社会财富，可丢失了人生最宝贵的财富——生命！没了生命，即使拥有一切又有什么意义？

英国前首相布莱尔从中学起就活跃在运动场上。他是一个十分出色的校橄榄球队队员，当过校板球队队长，后来又喜欢上了篮球和网球。就任总统后，布莱尔定期打网球、游泳、上健身房。每个周末，布莱尔夫妇就会带着他们孩子到位于伦敦郊外的古堡，为的是呼吸乡野的清新空气。常常，布莱尔一家就在古堡里同保镖们摆开架势，举行一场别开生面的家庭足球大赛。当他们精疲力竭满身大汗时，还一同跳进露天游泳池游个快活。布莱尔曾说过："我今天的身材和大学刚毕业时一样好。"

永远爱惜自己的身体，像自己投入工作一样投入些精力在自己的身体健康和安全上，才能保住这个最大的资本，让成功成为可能。在工作之余积极地锻炼，在工作中才能确保身体不出状况，让自己可以继续自己的工作。想做好工作，身体健康一定要放在第一位。

有调查表明，人们日常生活的行为 90% 源自习惯，一天之内上演着几百种习惯。习惯分为好的习惯和坏的习惯，安全问题往往由不好的生活和工作习惯引起。每个员工都要明白"让习惯安全和让安全习惯"，才能让自己有成功的职业生涯。"让习惯安全"，就是要认真学习安全生产法律法规和安全操作规程，纠正不良习惯和不安全的行为，提高安全素质，确保操作习惯的安全性。"让安全习惯"，就是在平时生活和工作中具有强烈的安全意识，养成能持之以恒、长久保持的安全行为习惯，这样安全才能得到保障。

下面是《三国演义》里一个大家耳熟能详的故事：

诸葛亮协助刘备在成都建立了蜀汉政权，当了丞相。他一心想帮助刘备完成统一全国的大业。公元 223 年，蜀汉皇帝刘备病死。

刘备死后，诸葛亮担起了辅助刘禅治理蜀国的重任。他事必躬亲，尽心尽责，很快使蜀国恢复了国力，逐渐强盛起来。但诸葛亮却因为昼夜劳累，只想着怎样帮助刘禅使蜀国富强起来，并统一中国，却没有注意自己的健康。吃得少，睡得少，累得多，做得多。为了完成刘备生前努力统一中国的愿望，他曾先后六次率军队攻打魏国，争夺中原。公元228年冬天，诸葛亮又一次集结军队，出兵北伐。

在五丈原，与魏国的大将司马懿对峙良久，最终因诸葛亮操劳过多，病重难医，病死军中，蜀军再无能人，只好悄悄退兵，蜀国从此败落，诸葛亮的大计也最终落空。他希望报答刘备知遇之恩的愿望也最终未能全部实现，五十二岁时便含悲而终。这不能不说是一种遗憾。想来当时望天祈祷，希望上天见怜，能借得十年阳寿的诸葛亮心中，也是悔憾不已吧？

是啊，当生命将逝，健康不再，而雄心犹存，壮志难酬，任英雄如诸葛亮，也会仰天长叹，悔恨不绝的。

俗话说，留得青山在，不怕没柴烧，身体才是我们的青山，健康才是我们的青山，生命才是我们的青山，其他的一切，不过是出产于山中的花花果果、生灵树木罢了。没有了青山，这一切也会不复存在。所以，只顾拼命工作而赔上自己的健康，失去了让奋斗、努力、拼搏、成功和幸福依附的地方，那奋斗、拼搏、成功和幸福又有什么意义呢？

健康和安全永远是第一位的。必须先保证身体的健康和安全，然后才有资格谈将来，谈成功。只有拥有健康和安全，成功也才能成为可能。否则，一切都不过是空无，是镜花水月，是空中楼阁，永远不可能成真。所以，马上改掉你不重安全、不顾健康的恶习吧，有了健康和安全，我们所为之努力的一切，才会有意义！

第五章

逃避问题，推卸责任——放弃责任就是放弃成功

勇于负责是一种伟大的品格。现实中，责任可以使平凡的人变得伟大，一个充满责任感的人，往往能够创造生活中的奇迹。因此，作为一名员工，无论你的职务大小、地位高低，都应时刻牢记自己的责任。每一份工作都是一份责任，职位越高，责任越大。只有具有高度责任心，勇于负责，任何时候都不推卸责任的人才能把工作做得更完美，才能迎接成功的到来。

1. 问题就是机会，逃避问题就是放弃机会

有人说过，工作就是问题，工作的过程就是解决问题的过程。所以，在工作中碰到问题，是再正常不过的事情了。但总是有一些员工认为，问题就是麻烦，问题就是自己的困难，就是自己工作的拦路虎，因而宁愿绕过问题，也不愿面对问题，解决问题。这其实是一种很愚蠢的想法，也是与成功背道而驰的一种习惯。因为他们根本就没有认识到，问题就是机会，而逃避问题、绕过问题，并不是在为自己省事，而是在放弃一个进步或是创造业绩的好机会。如果你能发现一些别人发现不了的问题，那么你就能从众人中脱颖而出。

世界上生产的第一台电扇是黑色的，以后的电扇也都沿袭了这一惯例。1952 年，由于受经济动荡的影响，日本的东芝电器公司积压了大量的黑色电风扇销售不出去。于是，公司从高层领导到最基层的员工都开始绞尽脑汁想办法，但收效甚微。

有一个员工已经到了废寝忘食的地步，也没有想到一个好办法。一天下班回家的时候，他看到街道上有很多小孩拿着五颜六色的小风车在玩，突然想到：为什么不把风扇的颜色改变一下呢？这样既能让年轻人和小孩子喜欢，也让中老年人觉得彩色的电扇富有美感。

想到这里，他急忙跑回公司向总经理说出了自己的想法，经理听了之后非常重视，特地召开会议仔细研究了这个问题。

第二年夏天，东芝公司隆重推出了一系列彩色电风扇，一改当时市场上一律黑色的风扇面孔，立即引起了抢购热潮，短时间内就卖出了几十万台，公司很快摆脱了困境。而这位员工不但因此获得了公司2%的股份，同时也成了公司里最受大家欢迎的员工。

如果养成寻找问题而不是逃避问题的习惯，你成功的机会就会比别人多得多。

问题不是老虎，而是机会，难得的学习、进步、成功的机会。上学的时候，如果一个学生从来没有问过老师问题，那么他不会是成绩优秀的学生。因为没有问题，说明他读书没有思考，没有动脑筋，只是被动地接受老师的知识灌输，错过了很多学习的机会。同样，在职场上，如果一个人从来没有发现过工作中的问题，也不会成为一名出类拔萃的员工，因为他不动脑筋，只是在机械地工作，心甘情愿地放手让一个又一个的机会从眼前溜过。

也许，有人会说："我从事的工作根本就没有什么价值，小学生都会做，能有什么问题呢？"事实真的是这样吗？不，即便是平凡枯燥的工作也存在问题，只要你有心，就能发现问题，解决问题，并赢得机会。

1997年，海尔为了发展整体卫浴设施的生产，派魏小娥去日本学习世界上最先进的整体卫浴生产技术。在日本学习期间，魏小娥发现日本人在试模期的废品率一般都在30%～60%之间，设备调试正常后，废品率为2%。

魏小娥认为2%的废品率还是太高，就问日本的技术人员："为什么不把合格率提高到100%？"

"100%？你觉得可能吗？"日本技术人员反问道。

魏小娥心想，没有不能解决的问题，只是人的思想给自己画地为牢。

魏小娥是一个精益求精的人，她遵循的工作标准是"要么不干，要干就要争第一"。于是，她为了把合格率提升为100%，开始争分夺秒地学习。三周后，她带着先进的技术知识和赶超日本人的信念回到了海尔。

半年后，日本模具专家宫川先生来华访问时见到了“徒弟”魏小娥，此时的她已经是卫浴分厂的厂长。最让宫川先生感到惊讶的是不仅生产现场一尘不染，而且居然实现了100%的产品合格率。他说：“100%的合格率是我们连想都不敢想的，对我们来说，2%的废品率、5%的不良品率可谓天经地义，你们又是怎样提高产品合格率的呢？”

原来，魏小娥下决心要找到实现100%合格率的方法，无论上班还是下班，她几乎每天都在琢磨这个问题。

一天下班，魏小娥看到女儿用卷笔刀削铅笔，铅笔的粉末都落在一个小盒内，她豁然开朗。一个专门收集毛边的“废料盒”诞生了，压出板材后清理下来的毛边直接落入盒内，避免了落在工作现场或原料上，也就有效地解决了板材的黑点问题。

但是，魏小娥紧绷的质量之弦并未因此而放松。试模前的一天，她在原料中发现了一根头发。一根头发如果混进原料就会出现废品，为此，魏小娥马上给操作工统一制作了白衣、白帽，并要求大家统一剪短发，又一个可能出现2%废品率的因素被消灭在萌芽之中。

终于，100%产品合格率，这个日本人认为不可能解决的问题，被魏小娥解决了。而魏小娥也因此成为了海尔最优秀的员工，为自己的事业和人生打开了一片新的天地。

不管面对什么样的问题，如果你首先都在心里把它当成你出人头地的机会，你已经比别人成功了一大步。所以，在工作中遇到林林总总的问题时，不要逃避，不要犹豫不决，不要依赖他人意见，要敢于作出自己的判断，要勇于去想方设法地解决问题。解决了这些问题，你就迎来了机会。

2. 积极解决问题，勇于担责才能把握机会

松下幸之助说过："工作就是不断发现问题，分析问题，最终解决问题的一个过程——晋升之门将永远为那些随时解决问题的人敞开着。"工作的实质，就是凭借我们的能力、经验、智慧，凭借我们的干劲、韧劲、钻劲，去克服困难，解决那些妨碍我们实现目标的问题。所以，永远只有那些有着勇敢面对问题、积极解决问题、不怕担负责任的习惯的员工，才能得到更多的机会，取得更多的成绩。

其实不论是生活还是工作中，问题永远存在，而且层出不穷，不管是谁都会遇到各种各样的问题，让人应接不暇。所不同的只是每一个人面对问题时所选择的方式不同，因而结果不同。有的人选择退缩逃避，就只能有平庸的结局；有的人选择积极面对，勇敢负责，成功就被他们轻松获取。

张敏大学毕业后应聘到一家公司做电话接线员，老板交代给她的工作很简单，就是每天接听客户的电话，介绍公司产品的基本情况，以及记录客户使用产品的反馈意见。过了不久，张敏觉得自己的工作确实简单，一点也不用费脑子，只要回答客户的问题就行了，客户的问题基本上也大同小异。

正在张敏为自己的工作感到庆幸的时候，她却受到了老板的严厉批评，老板说："有客户反映你接电话时态度冷淡，业务知识不熟练，经常敷衍客户的提问，你已经让公司失去了很多客户，你知道吗？再这样下去，你就不用来上班了。"

张敏觉得委屈，自己是严格按照公司要求的礼貌用语与客户谈话的，产品的各种介绍也背得很熟了，怎么惹得客户如此不满呢？她觉得这些客户太挑剔了，老板太不讲道理了，准备辞职走人。

她的朋友听了她的经历则说:“工作中出现了问题,辞职也许是个办法,但是谁知道到了另一家公司是不是也会遇到类似的问题呢?不如想办法去解决问题,其实,工作的实质就是解决问题。”

于是,张敏冷静下来后,开始反省自己:自己只是机械呆板地回答问题,说话的语气的确缺乏热情,虽然背熟了产品介绍,但对于一些术语还不能真正理解。她开始想办法去解决这些问题,接电话的时候,她试着用友善真诚的语气,而且每次与客户结束通话前,她会礼貌地问客户对自己的服务是否满意,以及有哪些建议等。不久,老板感觉到了她的巨大变化,不仅当众表扬了她,还给她加了工资。

工作的实质就是解决问题,老板雇用你的目的就是解决问题。如果你不求有功、但求无过,只知道机械地完成工作任务,不是把问题留给老板,就是把责任推脱给同事或者客户,那么你注定平庸无为,甚至惨遭淘汰。只有那些善于发现问题、主动解决问题的人,才能受到老板的青睐,取得辉煌的成绩。

事实上,也只有那些敢于面对问题、主动解决问题的人,才能得到老板的青睐和重用。而那些不愿面对问题或是不把问题当作机会、不愿意去解决问题的人,是绝无可能有所成就的。

一家饭店的老板对酒店里的蟑螂治理一直很重视,他跟楼面经理讲:“如果吃饭的客人再有因为看到我们地上有蟑螂爬出来而不买单,我就处罚你这个经理,你来买单。”经理听了之后很不以为然:“怎么要罚我,蟑螂全世界都治理不了,我又有什么办法?”

乍一听,经理反驳得不卑不亢,其实他的话是站不住脚的。店里有蟑螂是问题,那么无论是谁做经理都应当解决这个问题才行,这就是经理的责任,自然店老板聘请他不是管理蟑螂的,但保持店面卫生却是其职责所在，包括治理蟑螂。没做好，理当受罚。

而且，该经理没有看到治理工作中存在着“机会”！单在店面宣传上，可以打出“无蟑螂餐厅”，很抢眼球，其中不但蕴涵店里卫生很好之意，同时又隐约暗示食客别的店有蟑螂。这样做，营销效果显著，自然会被老板赏识，发奖金或是涨工资也是意料之中的事了。但这位经理只会找借口，只会推脱，放过了一次大好的机会。

很多时候，机会不是没来，它只是存在于各种各样的问题当中，来了一圈又悄悄地溜走了。所以，当你面对问题时，千万别绕道，也不要避开，而是要勇敢地直面它，解决它，负起你当负的责任，机会才会属于你，成功也才会属于你。

3. 不要推卸责任，放弃责任就是放弃成功

其实有很多员工之所以逃避问题，不愿意直面问题，解决问题，其根本的原因是怕负责任，怕自己负不好这个责，因而宁愿推脱也不想去解决。这种缺乏责任心、没有责任感的行为，其实不仅是对工作不负责，而且还是对自己不负责。因为放弃责任、不解决问题其实就是放弃成功。

日向雄野是一家公司销售分公司的经理，他公司的产品在与他负责的区域接壤的地方发生了一起严重的质量事故。按规定，这种情况不应该由他处理。但是因为应该负责这起事故的经理陪同老总出国考察去了。日向雄野明白，按照惯例，这种情况必须由他出马，在第一时间内赶到现场处理。可是基于对出事地域风土人情的了解和对处理同样事故的经验，日向雄野知道他面临的是一项非常棘手的工作，一不小心就会引火上身。

于是，在总公司给他下指示之前，日向雄野以身体不舒服为由，向公司告假。

总公司下达指示时，助理接完电话向他汇报，他以身体有病为由，让助理赶去处理。助理欠缺经验，使事件升级，陷入僵局。总公司不得不另外派人去处理，最后这次质量事故引起的风波虽然得到了平息，但是付出了很大的代价。总公司追究责任，经过调查发现如果日向雄野在第一时间赶到现场处理的话，就不会造成这么大的损失。但是日向雄野却以自己告假为由，称自己并不知道这起事件的具体情况，一切都是助理自作主张，带领一帮人去处理的。虽然日向雄野把责任推到了助理身上，但是总公司还是对日向雄野的工作态度和人品产生了怀疑，害怕他今后继续耍弄这种伎俩，影响分公司的团结和业务的开展，再也没有重用他，而且不久之后就将他解聘了。

日向雄野之所以被解雇并不是因为他没有能力，而是他的推卸责任。责任是一个员工至高无上的职业精神，是一个员工最起码最基本的职业素养，也是一个员工在企业里顺利发展、有所作为的基本前提。失去了责任心，注定不可能有什么作为。不论是谁，一旦你放弃责任，其实也就放弃了自己的成功机会。

对自己的行为负责，对公司和老板负责，对客户负责，这才是一个志向高远、渴望成功的员工的应有之态。也只有这样的员工，才能在公司中有所发展。

托比是一家公司亚洲部的采购主管，有一次他听信了部门经理助理的建议，大量采购泰国的一种产品，因而透支了账户上的采购资金。公司对零星采购制订了一条至关重要的制度，即不可以透支账户上的存款余额。意思是如果账户上不再有钱，就不能采购新的商品，直到你重新把账户补满为止，而这通常要等到下一个采购季节。

采购完毕后，托比没有想到部门经理突然打电话通知他，有一种日本企业生产的新式提包在欧洲市场上很受欢迎，要求他采购一部分。这让托比措手不及。经理的指令是一定要执行的，可是采购资金透支了，用什么采购？于是他想向经理说明情况。这时，一位同事向托比进言，把责任推到部门经理助理身上。托比想了想，拒绝了。他认为，如果把责任推给经理助理，必然陷入无谓的争吵，这会耽误采购那批提包，况且，采购是自己的事，虽然是经理助理的建议让他透支了采购资金，但毕竟是他的责任。托比向部门经理如实汇报了采购泰国产品的事情，坦率地承认是自己的失误，并申请追加拨款，采购日本提包。

尽管部门经理很生气，但还是被托比勇于负责的精神所感动，很快设法给他拨来了一笔款项。后来，那种泰国产品和日本提包推向市场后，深受顾客欢迎，销售非常火暴。为此，公司奖赏了托比。

工作就是这样，机会也就是这样。敢负责任，才能赢得信任，才有更多的机会。这是最基本的道德素质。当你因为面对工作的难题而苦恼时，记住这是你的工作。你选择了它，就要有为它负责到底的准备，因为选择工作的同时也选择了责任。在这个世界上，没有不需要承担责任的工作，也没有不需要完成任务的岗位。你得到了一份工作，你就必须承担起一份责任，这无可推卸，更不能逃避。

对那些在工作中推三阻四，总是寻找借口为自己开脱的人；对那些缺乏工作激情，总是推卸责任，不知道自我批评的人；对那些不能按期完成工作任务的人；对那些总是挑肥拣瘦，对公司、对工作不满意的人，最好的救治良药就是大声而坚定地告诉他：这是你的工作责任所在，义不容辞！

每一位员工都应牢牢记住这句话，都应当把责任沉淀在自己的生命里，养成坚守责任的习惯，让我们对自己的使命忠诚和信守到底。而推卸责任，逃避责任，放弃责任，只会让成功远离。

4.扩大你的责任圈，才能扩大成功圈

联想集团成员杨元庆在回答“什么样的员工是联想的好员工”时说：“好员工要有责任感。一方面是要敢于拍板。有很多同志做事时持躲避态度，这是不对的。有风险时要承担责任，尤其要有替下级承担责任的勇气。不要把问题说成下面哪位员工该负责的事，自己就不去做，这是缺乏责任感的表现；另一方面，真正发生了问题要敢于承担责任。不要把问题说成下面哪位员工没做好，要尽可能地在自己的身上找原因。”

杨元庆的这段话也许并不仅仅是说好员工的标准，更多的可能是有感而发，因为他在联想的成就，正是通过对责任的锤炼达到的，他在联想的经历，一步一步晋升的过程，就是不断地负责的过程，一步一步扩大他的责任圈，也一步一步扩大了他的成功圈。

1988年，24岁的杨元庆进入联想工作，公司给他安排的第一份工作是做销售业务员。多年以后，杨元庆还清楚记得，他骑着一辆破旧的自行车，穿行在北京的大街小巷，去推销联想产品时的情景。

虽然刚开始杨元庆并不喜欢销售工作，但他觉得那就是自己的责任，干得非常认真，并且卓有成效。正是销售工作的历练，杨元庆后来才能够面对诸多困难而毫不退缩。也正是杨元庆敏锐的市场眼光和出色的客户服务，引起了柳传志的注意。

1992年4月，联想集团任命杨元庆为计算机辅助设备(CAD)部总经理。杨元庆在这个位置上依旧尽职尽责，不仅在辅助设备的研发和销售上创造出了很好的业绩，而且杨元庆还花了很多的精力培养营销人员，并带出一支十分优秀的营销队伍。

正是因为看中了杨元庆这种对什么事情、甚至是分外的事情也尽职尽责的优点，1994 年，柳传志任命杨元庆为联想微机事业部总经理，把从研发到物流的所有权力都交给了杨元庆。

但杨元庆倔强的脾气使他的责任圈扩展不开。为了磨磨他的这个缺点，1996 年的一个晚上，柳传志在会议室里当着大家的面狠狠地骂了他一顿："不要以为你所得到的一切都是理所当然的，你这个舞台是我们顶着巨大的压力给你搭起来的……你不能只顾往前冲，什么事都来找我柳传志讲公不公平，你不妥协，要我如何做?"一点都没给杨元庆面子，身为事业部总经理的杨元庆被当场骂哭了。柳传志在杨元庆被骂哭后的第二天给杨元庆写了一封信：只有把自己锻炼成火鸡那么大，小鸡才肯承认你比它大。当你真像火鸡那么大时，小鸡才会心服。

杨元庆回忆起当时的情景说："如果当初只有我年轻气盛的做法，没有柳总的妥协，联想就可能没有今天了。"

2001 年 4 月，37 岁的杨元庆正式出任联想老板兼 CEO。柳传志在给他一份新的责任时，也给了他一份新的机遇；而杨元庆在承担起这份责任时，也抓住了机遇，在磨炼中让自己得以不断成长。

经过不断负责和进步的过程，杨元庆最终被炼成了一块好钢。柳传志就是这样让手下在不断锤炼中成长，让手下承担起责任，使他们的能力在承担责任的过程中不断提升。

能力永远需要责任来承载，只有主动承担责任，我们的才华才能够更完美地展现，我们的能力才能更快地提升，才能为自己赢取更多的发展机会。

在企业中，岗位与岗位之间、员工与员工之间，是责任与责任的关系，他们之间犹如一台高速运转的机器中相互咬合的链条，链条上的每一环节每一个齿轮，都直接面向与自己咬合的上下左右的齿轮。每一个链条都是一份责任，长长的生产线或是生产流程其实就是长长的责任链，链链相接，环环相扣，如果某一个责任环节缺失了，譬如大齿轮缺失，将导致整台机器停止运行，一颗小螺丝钉的缺失也将产生无法预测的危机。所以，不论处在责任链上的任何位置,不让自己“掉链子”至关重要!清醒地意识到自己的责任,并勇敢地落实责任,无论对于自己还是对于企业都至关重要。这是一个员工的本分,也是一个员工应尽的职责。

如果你想更加出类拔萃,那你就要将责任深深根植于内心,让它成为我们脑海中一种强烈的自觉意识,让敢于负责成为我们的日常习惯,并将这种习惯贯穿到工作的每一分每一秒,不断扩大你的责任圈,进而扩大你的成功圈。

2008年的北京奥运会是一场举世瞩目的盛会,而负责点燃主火炬任务的李宁更成为众人瞩目的焦点。早在张艺谋设计火炬点燃方式时,就想到了李宁,之所以选择他,一是看重李宁身体素质较好,可以承受高强度的工作训练;二是看重李宁在执行工作任务时近乎苛刻的认真精神。

火炬的点燃动作全套做下来要历时3个多小时,全程500米,李宁的每个动作都必须准确到位,一旦动作出现不连贯,那么从站台上看将会非常失真,有损观赏的效果。

一次,李宁从摄像机里看到自己的左手在摆动时与身体不太协调,虽然张艺谋并没有对此表示不满,但李宁在正常训练之后,要求工作人员再把自己吊上去练习。对此,张艺谋曾说:“有时我们都下班了,还能在空中看到一个小小的身影,他一个人在那里练习。”

正是凭借着这种认真负责的训练态度,李宁才完成了在北京奥运会开幕式上的精彩表演,让观众领略了这一富有创意的点火方式,为中国人赢得了尊重。

现在也许我们明白为什么李宁做运动员那么出色,经商也那么成功的原因了吧?责任,是成功最有力的推进器。任何时候,都不要忘记自己的责任,而是应承担自己的责任,养成负责的习惯,并不断地扩大自己的责任圈,多负一些责任,你的成功圈也会随着扩大。

5. 借口是成功的敌人，是失败的温床

有很多员工有一种遇事就找借口的习惯，上班晚了，不是自己起床晚了，而是“路上堵车”、“手表停了”；生意赔了，不是自己没有把握好，而是“对手太精明了”，不管什么事情都会找到很多的借口去自我安慰，掩饰自己的错误。不在自己的身上找原因，不去立刻设法杜绝问题的再次发生，久而久之，我们就会养成一个习惯：不管任何事，都会找到一个冠冕堂皇的借口。

很显然，有这样习惯的人，是不可能取得成功的。因为借口本身就不过是成功的敌人，是失败的温床。当寻找借口成为一种习惯，那它就只能是平庸者的护身符，无能者的遮羞布，是敷衍别人、原谅自己的挡箭牌，是掩饰弱点、推卸责任的万能器。这样的习惯，只会将我们拉入失败者的队列，让我们与成功交错而行。

刚毕业的女大学生张思雨，由于学识不错，个人形象也很好，所以很快被一家大公司录用。

刚开始上班时大家对张思雨印象还不错，但没过几天，她就开始迟到早退，领导几次向她提出警告，她总是找这样或那样的借口来解释。

一天，老总安排她到北京大学送材料，要跑 3 个地方，结果她仅仅跑了一个就回来了。老总问她怎么回事，她解释说：“北大好大啊。我在传达室问了几次，才问到一个地方。”

老总生气了：“这 3 个单位都是北大著名的单位，你跑了一下午，怎么会只找到一个单位呢？”

她急着辩解：“我真的去找了，不信您去问传达室的人！”

老总心里更有气了：“你自己没有找到单位，还叫老总去核实，这是什么话？”

其他员工也好心地帮她出主意：你可以打北大的总机问问剩余2个单位的电话，然后分别联系，问好具体怎么走再去。你不是找到其中的一个单位了吗？你也可以向他们询问其他两家怎么走。你还可以进去之后，问老师和学生……

谁知她一点也不领会同事的好心，反而气鼓鼓地说：“反正我已经尽力了……”

在这一瞬间，老总下了辞退她的决心：“既然这已经是你尽力之后达到的水平，想必你也不会有更高的水平了。那么只好请你离开公司了！”

找借口的实质就是不负责任，就是不想面对问题，就是不愿意承认自己的无能。

借口是成功的敌人，是失败的温床，因为借口孕育失败，借口阻碍成功。就像这位有才有貌的张思雨，什么都很优秀，但总是爱找借口，每当要准备工作时，或要作出抉择时，总要找出一些适当的借口来安慰自己，总想让自己轻松些、舒服些。也许很多人都有这样的经历：每当清晨闹钟将你从睡梦中惊醒后，心里想着该起床上班了，但同时却又感受着被窝的温暖，所以常常会一边不断地对自己说该起床了，一边又会不断地给自己寻找借口：“没关系，今天不急，再躺一会儿。”于是又躺了5分钟，10分钟……其实对付惰性最好的办法就是根本不要让惰性出现，如果惰性出现，即使是摆出与惰性开战的架势也常常会于事无补。因此特别在事情开始的时候，一定要有积极的想法在先，否则当头脑中冒出“我是不是可以再等会儿……”这样的想法时，惰性就出现了，“战争”也就开始了。然而一旦开战，结果就很难说了。所以，要在积极的想法一出现就马上行动，让惰性没有乘虚而入的任何机会。

借口是给拖延的机会。现实工作中不知有多少人把自己宝贵的时间和精力放在了如何寻找一个合适的借口上，而忘记了自己应尽的职责！无数人就是因为养成了轻视工作、马虎拖延、惯于找借口的习惯，终致一生处于社会或公司的底层，不能出人头地，不能获得成功。

我们必须明白：只有失败者为其失败而找借口，对于成功者而言并非如此。只有努力才能成功；只有坦言失误，并从失败和错误中汲取教训，才能取得一个又一个的成功。一言以蔽之，成功从抛弃借口开始。

> 美国职业篮球协会最佳新秀杰森·基德，谈到自己的成功历程时说：“小时候，父亲经常不带我去打保龄球。我打得不好，总是找理由为自己辩护，而不是去找打不好的原因。父亲就对我说：‘别再找借口了，这不是理由，你球打得不好是因为你不练习。’他说得很对。现在我一发现自己的缺点再也不找借口，而是用自己的拼搏和奋斗证明自己的存在价值。”

借口是世界上最容易办到的事情，因为人们可以在不同的时间、不同的地点，找到很多的借口去自我安慰，掩饰自己的过错。工作中，我们经常可以碰到类似的情况：每当遇到自己不愿干或是干得不够理想的事情，总是千方百计为自己寻找理由和借口，来为自己寻找一种安慰。而这种看似安慰实则是自己骗自己的东西是专门坑你来的。养成了寻找借口的习惯，就如同在服用一副慢性毒药，它会在不知不觉中扼杀你的希望、你的梦想、你的勇气、你的斗志、你的信心、你的自尊，直到最后使你的生命之树凋零。

所以，借口除了是失败的温床、除了让失败一寸一寸地生长，别无所用。那么，我们为什么不养成勇于负责的好习惯，摒弃寻找借口的坏习惯，在成功的大路上大踏步地前进呢？

6. 要为成功找方法，别为失败找借口

找借口实在是一种不好的习惯，这种坏习惯会阻拦住一切我们通向

成功的路。所以,想要拥有成功的人生,绝不能有这样的习惯,而是要养成只为成功找方法、不为失败找借口的习惯。这是无数成功者留给我们的宝贵的经验。

作为华人富豪,李嘉诚的名字可谓家喻户晓。他之所以成功,就因为他有一个只为成功找方法、不为失败找借口的好习惯。

一次,李嘉诚去推销一种塑料洒水器,连走了好几家都无人问津。一上午过去了,一点儿收获都没有。如果下午还是毫无进展,回去将无法向老板交代。

尽管推销得不顺利,他还是不停地给自己打气,精神抖擞地走进了另一栋办公楼。当他看到楼道落满灰尘时,突然灵机一动,没有直接去推销产品,而是去洗手间,往洒水器里装了一些水,将水洒在楼道里。十分神奇,经他这么一洒,原来很脏的楼道,一下变得干净起来。这一来,立刻引起了办公楼主管的兴趣,一下午,他就卖掉了十多台洒水器。

在做推销员的整个过程中,李嘉诚都十分注重分析和总结。他将香港分成几片儿,对各片儿的人员结构进行分析,了解那一片的潜在客户,便有的放矢地去跑,重点攻击,这样一来,他获得的收益自然要比别人多。

成功是一个需要很多很多因素的综合体,缺了哪一方面都不行。也许我们有很多优势,有很多优秀的品质,天时、地利、人和……我们占有了很多很多的成功的有利因素,但是,如果我们有一个不利于成功的习惯,毫无疑问,那就会成为我们成功的挡板,阻碍我们的成功。所以,凡是阻碍成功的坏习惯,我们都需要毫不犹豫地抛弃,比如找借口。

在工作中,我们都曾遇到过这样或那样的困难和问题,这时候,有的人积极地想办法去解决,而有的人则去寻找借口,逃避责任。于是,前者成功,后者失败。但很多人还是把宝贵的时间和精力放在了如何寻找合适的借口上,却忘记了自己的职责。成功的人永远在寻找方法,失败的人永远在寻找借口,当你不再为自己的失败寻找借口的时候,你离成功就不远了！

一个人如果缺乏负责精神，凡事爱找借口，那么其他的能力也就失去了用武之地。借口就是一个推卸责任、掩饰弱点的“万能器”，是一张敷衍别人、原谅自己的“挡箭牌”，它扼杀人的创新精神，让人消极颓废，使人懒惰，遇到困难就退缩，最终丧失执行的能力。无论一个人多么优秀，他的能力都要通过尽职尽责的工作才能完美展现。一个不愿意担负责任而爱找借口的人，即使工作一辈子也不会有出色的业绩。

一天，一只小猫咪和伙伴们去捉老鼠，伙伴们都捉到了二三只，只有小猫咪没有捉到，伙伴们都笑它捉不到老鼠，小猫咪反驳道：“这些老鼠太小了、太瘦了，先放它一马，等它肥了再捉它。”

又有一次，它和伙伴们一起去湖边捉小鱼。捉着捉着，突然，小猫咪的脚滑了一下，掉进水里去了。过了一会儿，小猫咪说：“我是故意掉下来游泳的。”其实小猫咪根本就不会游泳。小猫咪又沉了下去，伙伴们以为它被水淹了，就在大伙想办法的时候，其中的一只小猫咪说：“不用救它了，没准到时它又说它在潜水呢！”

一会儿的时间又过去了，小猫咪的妈妈像箭一样向湖边跑来，来到时，小猫咪的妈妈拿着鱼捞把小猫咪捞了上来，幸亏小猫咪的妈妈来得及时，否则小猫咪就被淹死了。因为小猫咪的妈妈怕小猫咪还会出事，所以天天都在家里待着没做事。

一天，妈妈答应了和小猫咪出去钓鱼。钓着钓着，一条比小猫咪的妈妈重10倍的鱼上钩了，小猫咪怎样也拉不起来，结果自己滑进了河里。

做错了事或做不到、没做好事情的时候，不要去找理由，而是要勇敢地去面对。及时改正，否则日后一定会因为自己的推脱坏了自己的大事。小猫咪总是为自己的懒惰找借口，不愿练习游泳，终于跌进水里之后就不能再游泳了。最后还因为不能游泳而差点送了命。成功路上谁都会遇到各种各样的困难，如果一味逃脱，放任自己的恶习，那么终究一事无成。

找借口只会带来失败。因为借口阻住了我们去找方法的路，把我们禁囿在自己一个又一个的借口里，根本无法向成功出发，甚至因为借口太多，把成功都遮起来了，使我们连成功的目标都看不到了。所以，我们要养成只为成功去找方法的习惯，抛弃老为失败找借口的习惯，成功才会真的现身。

2001 年 7 月 13 日，北京申奥成功，举国欢腾。每个国人为中国得到世界的好评而自豪，也为北京获得这样一个发展的机会而高兴。但是，在 1984 年以前，敢于申办奥运会的国家没有几个。为什么？主要是因为在相当长的一段时期内，举办奥运会是赔钱的。

但 1984 年的美国洛杉矶奥运会却是一个转折点，因为这次的奥运会，美国政府不但没亏一分钱，反而盈利 2 亿多美元，创下了奥运史的奇迹。而创造奇迹的人名叫尤伯罗斯，他是一个商人。

在洛杉矶奥运会上，尤伯罗斯将奥运会与企业和社会的关系做了通盘的考虑，想出了很多让奥运会赚钱的方法。而其中最突出的方法就是将奥运会实况电视转播权进行拍卖，可以说这是开历史之先河。

刚开始时，工作人员提出一个在当时已是天文数字的最高拍卖价 1.25 亿美元，却遭到了尤伯罗斯的否定，他觉得这个数字太保守了。

因为他已经敏感地觉察到人们对奥运会的兴趣正在不断高涨，奥运会已经是全球关注的热点，加上采取直播权拍卖的方式，势必会引起各大电视台之间的竞争，那价钱肯定会不断抬高。果然不出他所料，后来单电视转播权一项就为他筹集了 2 亿多美元。

以往的奥运会万里长跑接力，都是由有名的人士担任，但尤伯罗斯一改这种做法，表示谁都可以跑，只要身体够棒，另外出钱就可以，他规定每 1 公里按 3000 美元收费。

这真是一个破天荒的想法，没想到消息一公布，报名的人竟然蜂拥而至。1.5万公里的路程,总共收到了4500万美元!

可以说这次奥运会给尤伯罗斯带来了空前的声誉。然而回首成功,他非常感慨地说:"世上的任何事情,只要你去想办法就会有突破点,就一定会有解决的办法。"

其实如果我们认真地去面对问题,任何问题都算不得问题,因为我们总会找到解决的方法。所谓方法总比问题多,任何问题在我们的努力下都会找到好的解决方法。想办法就会有方法!很多看似"没有办法"的问题,只要去想,也一样可以找到很好的方法。要为成功找方法,我们就要像下面卖豆子的人一样,不管在什么情况下,都能找到方法,都能获得成功,那我们的人生还用担心什么呢?所有的成功都会属于我们!

卖豆子的人认为:

如果豆子好卖,直接赚钱好了。如果豆子滞销,分三种方法处理:其一,让豆子沤成豆瓣酱,卖豆瓣酱;如果豆瓣酱卖不动,腌了,卖豆豉;如果豆豉还卖不动,加水发酵,改卖酱油。其二,将豆子做成豆腐,卖豆腐;如果豆腐不小心做硬了,改卖豆腐干,如果豆腐不小心做稀了,改卖豆花;如果实在太稀了,改卖豆浆;如果豆腐卖不动,放几天,改卖臭豆腐;如果还卖不动,让它长毛彻底腐烂后,改卖腐乳。其三,让豆子发芽,改卖豆芽;如果豆芽还滞销,再让它长大点,改卖豆苗;如果豆苗还卖不动,让它再长大点,干脆当盆栽卖,命名为"豆蔻年华",到城市里的各大中小学门口摆摊或到白领公寓区开产品发布会,记住这次卖的是文化非食品;如果还卖不动,建议拿到适当的闹区进行一场行为艺术创作,题目是"豆蔻年华的枯萎",记住以旁观者的身份给各个报社写报道,如成功可用豆子的代价迅速成为行为艺术创作家,并完成另一种意义上的资本回收,同时还可以拿点报道稿费。如果行为艺术没人看,报道稿费也拿不到,赶紧找块地,把豆苗种下去,灌溉施肥,3个月后,收成豆子,再拿去卖。

办法是想出来的,想办法就会有办法。不要再让问题和困难成为绊脚石，让借口和理由成为失败的挡箭牌，那只是自欺欺人的无聊的把戏，于成功没有半点用处。

在工作中，同样的问题摆在面前，凡事找方法解决者，一定是成功者；凡事找借口推脱者，一定是失败者。成功者积极寻找方法把问题变为机会，让困难变为成功的加速器；失败者只知一味蛮干，遇到问题就临阵脱逃、推卸责任、自我设限，永远在找借口为失败辩解，成功也永远与他们绕道而行。

成功不需要借口，找到借口，只会让成功远去；成功需要方法，找到方法，成功才会属于我们。

第六章

工作杂乱，不讲条理
——凡事预则立不预则废

有很多员工习惯了办公桌上一团糟，也习惯了看到什么事就做什么事，东一榔头西一棒子，东打一枪西放一弹，办事情不分前后左右，干工作也不管轻重缓急，从来没有安排，没有计划，每天都在杂乱无章中瞎忙，时间也被轻易地浪费，却毫无成绩，成功更是遥遥无期。更可怕的是，他们甚至没有觉察到这是一种坏习惯，这样的员工当然不能受到成功的青睐。

1. 有备才能无患，做好计划是成功的前提

古人云："凡事预则立，不预则废。"意思是说，不论做什么事情，都要事先考虑，计划在前，才能够成功。否则，只能面临失败的结局。俗话说"有备才能无患"，毛主席说"不打无准备之战"，也都是这个意思——凡事做好计划，有所准备，成功才能如期而至。

世界著名投资公司"软银"的创始人孙正义，曾经在23岁时花了一年多的时间来想自己到底要做什么。他把自己想做的40多种事情都列出来，而后逐一地做详细的市场调查，并做出了10年的预想损益表、资金周转表和组织结构图，40个项目的资料全部合起来足有10多米高。然后他列出了25项选择事业的标准，包括该工作是否能使自己全身心投入50年不变、10年内是否至少能成为全日本第一，等等。依照这些标准，他给自己的40个项目打分排队，计算机软件批发业务脱颖而出。用十几米厚的资料做事业选择，目光放在几十年之后，这样的深思熟虑，这样的周密规划，注定了他日后的成功。

有计划跟没有计划是不一样的。每一个人做计划都旨在成功，如果按照已有的计划去做，或多或少都会取得想要的结果。没有目标，没有计划，必将面临失败的人生；而有计划有目标，就是在朝成功的目的地前进。

凡事预则立。养成了做事预先做计划的好习惯，你就成功了一半。因为你的工作会做得有条不紊，条理清楚，自然会比别人多了一些胜算。

但是有很多的员工却没有这样的好习惯，而是养成了一些坏习惯。有的员工做起事来没有计划，毫无头绪，不知道什么是重点，经常是“眉毛胡子一把抓”，想到哪儿做到哪儿，全凭感觉行事。这些人虽然整天忙得焦头烂额，不可开交，但成效却不大，还常常是忙中出乱，忙中出错，忙而无果。人生就在忙乱中度过，最后却一事无成。

在伊索寓言中有一个《鹅和金蛋》的故事。

一个农夫养了一群鹅，这群鹅每天都会给他下很多的蛋。一天，他照例到鹅窝里去拿鹅蛋，突然，在鹅窝里他发现了一个金光闪闪的蛋，他拿出来一看，发现这个蛋竟然是金子做的。农夫喜不自禁，他赶紧找来那只下金蛋的鹅，他想以后就靠这只鹅给自己赚大钱了。之后，农夫每天都从鹅窝里拿到一个金蛋。他用金蛋换来的钱过上了富足的日子。然而，当他日益富有的时候，他变得越来越贪婪。后来，他竟然无法满足每天只有一个金蛋，他想一次拿到鹅身体里的所有金蛋，这样不就非常富有了吗？于是他杀了那只鹅，结果什么都没得到，他也慢慢地成了一个穷光蛋。

任何成功都是需要方法和计划的，没有计划，只顾眼前利益，想怎么干就怎么干，只能和这位农夫一样最终什么也得不到。

有些员工在心理上存在着这样的误区：工作计划只是管理者们负责的事情，自己做的工作大都是一些不起眼的小事，根本用不着大费周折去做一份计划。领导怎么安排，我就怎么做。其实，这是一种片面的认识。

不论做什么事情，制订一个合理、详尽的计划都是很有必要的。这样，就能做到心中有数，清楚今天应该做什么，先做什么，后做什么。它可以对自己的工作起到指导和督促的作用，减少和避免工作的随意性和盲目性。

兰迪·劳伦斯现在是一家公司的老板，可他以前只是一名推销员，每天都在忙碌中来来去去，却并没有什么特别的成绩。他很苦恼，心中也有怨气。但是后来他改变了，他奋起的源泉是他在一本书上看到的一句话:没有计划的人生注定是失败的!

这犹如醍醐灌顶,蓦然间打在了他心中的痛处。他开始反思自己的工作方式和态度,发现自己错过了许多的机会,就因为做事前自己的心中没有“底”,没有一个完整的计划。

于是,他制定了严格的行动计划,并付诸每一天的工作当中,时时都按照已经制定的计划来实施。两个月后,他回过头看看自己的进展,发现业绩已经增加了两倍。数年以后,他已经拥有了自己的公司,在更大的舞台上检验着这句话。

只知抱怨老板,抱怨公司,抱怨命运,却不反省自己,不着力提高自己的能力,不追求卓越,不做好计划,是不会在工作中得到什么的。如果你回过头来看,就会很惊讶地发现,以前你没有受到重用,是因为你没有做到点子上,你没有有条有理地做事,你没有抓到重点,因而也就没有抓住机会。胡子头发一把抓,结果什么也没有抓住。又忙又乱地过了好多年,到头来却什么也没有得到。难道还不应该警醒,还不应该改变吗?

孙先生是公司里的高级工程师,业务水平高,科研成果也很突出,获得过多项科技开发大奖,同事们也都愿意与他合作。一年前,公司电机开发部门缺一个经理,领导想到了他,尽管孙先生有个毛病——工作不善于计划,但这一缺点最终得到上司包涵。这样,孙先生被提升为电机开发部经理。孙先生升任经理之后,不善于计划的毛病就暴露无遗了,他干什么都“无计划”,也分不清主次,导致公司里一个重要的电机开发项目一拖再拖,延误了新产品上市。最终老板怪罪下来,孙先生不得不内疚地递上了辞职信。

在日常生活中,我们可能有过这样的体验:有些事情看起来简单容易,但在具体实施的过程中,却有许多意想不到的事发生。如果在做事之前,把要做的事情想清楚了,并做出合理的规划,这样做起来就会轻松许多。这就是计划的好处,这就是“预则立”的道理。

面对纷繁复杂的问题,每一个员工都需养成凡事做计划的习惯,按照计划有条不紊地进行工作。事前进行周密计划，具体安排，对工作的顺利开展影响深远。如果计划安排得当，计划明确，那么执行起来就一定会很顺利，就会事半功倍。所以，计划对于提高工作效率，取得工作成绩，非常重要。

计划一般分为长期计划和短期计划，长期计划可分为一年、半年或者一季度，甚至更长的时间；短期计划可分为一个月、一周或者一天。

要做一个切实可行的计划，首先要分清轻重缓急，明确工作的优先次序，这样做起事来才能有条不紊。另外，还要设定工作完成的期限，以督促自已按计划完成工作。

凡事预则立，不预则废。预先计划，才能有条不紊地工作，才能取得高效率，获得好业绩。所以，如果你渴望成功，就要养成凡事有备而战的习惯，养成事事都做一份完备的计划的习惯。

2. 杜绝杂乱无章，条理清晰工作才有高效率

有的员工眼高手低，手里在做这件事，头脑中却在想着另一件事；这件事还没做好，又急着去做那件事，杂乱无章，眉毛胡子一把抓。这就是行动缺乏条理性和计划性的表现，结果是越急越糟，一件事也做不好。

某公司职员小郑做事认真，兢兢业业，勤勤恳恳。每天一上班就忙个不停，一会儿干这，一会儿干那，忙得晕头转向，还常常主动留下来加班，工作到很晚才回家。

小刘虽然和小郑做的是同样的工作，但做事有条不紊，看起来一副轻松自如的样子。到了月底统计工作量的时候，小刘的工作绩效比小郑高得多，自然，小刘的收入也比小郑高得多。这让小郑的心里着实有些不平衡。

工作中像小郑这样的现象实在是太普遍了。其实,并不是因为工作量的大小不同,而是那些忙碌的人不知道如何合理安排自己的工作,也没有掌握提高工作效率的正确方法。有的员工每天都在忙碌,但是他们却东一榔头西一棒子,乱无头绪、杂乱无章地瞎忙,什么成绩也没有,什么效率也没有,白忙一场,累死不讨好。这就是因为做事情没有条理,没有养成条理清晰地工作的习惯。

工作无序,手头杂乱,没有条理,在一切都是乱糟糟的工作环境中东翻西找,这无疑意味着你的精力和时间都毫无价值地浪费了。我们经常会看到一些员工的公文包和办公桌上,堆满了文件、书稿、废报纸、喝剩下的半杯牛奶、折了半页角的旧杂志,等等。在这样的工作环境和秩序下工作,你的工作效率有可能高效吗?你都有理由怀疑自己是否还有工作的心情了。

美国管理学者蓝斯登说:我赞美彻底和有条理的工作方式……看看彻底和有条理经理人的工作方式,他桌上的公文已减到最低程度,因为他知道一次只能处理一件公文。当你问他目前某件事时,他立刻可从公文柜中找出。当你问起某件已完成的事时,他一眨眼就能想到放在何处。当交给他一份备忘录或计划方案时,他会插入适当的卷宗内,或放入某一档案柜。

再看看他的手提箱。箱中并不是三天旅行所用的东西,而是归类分明、随时要用的公文。其中也许有小说和文具,但绝不是一个废物箱。我认识一位装模作样的经理。他每天都一本正经地提了一大箱公文回家。有一天他把手提箱遗留在办公室内,让我偶然看到其中的东西:一块橡皮擦、两块啃了一半的棒棒糖、一份杂志,以及一本乱涂的书。这种装模作样的经理人,每个公司都有……

高效率的员工也可以用有条理给上司留下干练的好印象。上司会对他产生信任感,认为他高效,而且可信。这种信任为员工开启了更大和更佳工作任务之门。

保持办公桌面整洁，是工作条理化的一个重要方面。我们甚至可以说，杂乱无章的工作方式是一种恶劣的习惯。有些人却把杂乱看作了一种好的工作方式，他们也许认为在这种随意的工作环境中，他们的心情会更放松，那些重要的东西总会在大堆的文件中浮现出来的。一位西方的老牌管理者对办公桌上堆积如山的东西提出了精辟的解释："这是因为我们不想忘记所有的东西。我们把想记住的东西放到办公桌上一堆资料的顶部，这样就可以看到它们。"

可问题是，在多数情况下，东西越堆越高，物件越杂乱无章，就越可能带来相反的效果。当你不能记起堆积物下层放的是什么东西时，或者你要为一个项目找到所有相关资料时，你就不得不在资料堆里埋头苦找。这样，时间就浪费在了查找丢失的东西上了。更糟糕的是，随意放置的凌乱的东西会随时吸引你的注意力。当你在做某项工作的时候，你的视线也许会在不知不觉中被别人送你的小纪念品、钟表或者全家福照片吸引走。等你回过神来的时候，你又不得不从头思索你刚才正在做的工作或者写的文书。

如果你的办公桌上经常物品、文件堆积如山，你就要花时间来整理一下了，在这个时候花上半个到一个小时是值得的。

(1)把你办公桌上所有与正在做的工作无关的东西清理出来，把立即需要办理的找出来，放在办公桌中央，其他的按照分类分别放入档案袋或者抽屉里，这样做的目的是提醒你，你现在所做的工作应该是此刻最重要的工作，你一次只能做一项工作，你要把所有精神集中在这件事上，不能让其他工作影响你。(2)不要因为受到干扰或者疲倦放下正在做的工作，转而去做其他不相干的事情，除非你是去楼外呼吸一下新鲜空气。因为如果此项工作还未结束，就又开始另一项工作的话，你的办公桌就开始混乱。你一定要力求把你手头的工作做完后再开始另外的事情，即使这项工作遇到了阻碍，你也要尽量完成到一个再做它时容易开始的阶段。(3)一项工作做完后，一定要把与这项工作相关的资料收拾整齐，并按照类别把它们放到合适的位置，千万不要把它们就这样摊放在办公桌上。下一步你该核对一下剩下的工作，然后去进行第二项最重要的工作。

在每天下班前，可以抽出几分钟把办公桌收拾干净，并且每天都按照以上的标准进行清理，这样你就可以结束今天的工作，迎来明天一个好的开端了。长此下去，养成习惯，你的办公桌一定会保持整洁，而这对于你的工作，是有百利而无一害的。

工作一定要有计划地进行，不能杂乱无章地想起什么就是什么，这样往往会漏掉一些重要的事。一个员工的失败之处就在于他不懂得怎么去安排自己的工作，抓不住主要的问题，忽略了问题的主要矛盾。主要矛盾也就是对事物的发展方向起主要作用的矛盾。对于身在职场的你来说，也就是在工作中需要解决的重点问题，把重点问题放在前边先做。分清工作中的主要矛盾和次要矛盾有助于你在工作当中抓住问题的关键，进行合理的排序，这样就将极大地提高你的工作效率。

有一位公司的经理去拜访卡耐基，看到他的办公桌干净整洁，什么杂乱的东西都没有，就感到很惊讶。他问卡耐基说："卡耐基先生，你没处理的信件放到哪儿呢？"

卡耐基说："我的信件都处理完了。"

"那你今天没干的事情又推给谁了呢？"经理紧接着追问。

"我所有的事情都处理完了。"卡耐基微笑着回答。看到这位公司经理困惑的眼神，卡耐基解释说："原因很简单，我知道我所需要处理的工作有很多，但我的精力有限，一次只能处理一件事情，于是我就按照所要处理的工作的重要程度，列一个顺序表，然后就一件一件地处理。结果，所有的工作都处理完了。"

"哦，我明白了。"

几周以后，这位经理请卡耐基参观其宽敞的办公室，对卡耐基说："卡耐基先生，感谢你教给我处理事务的方法。过去，在我这宽大的办公室里，我要处理的文件、信件，等等，都是堆得和小山一样，一张桌子不够，就用三张桌子。自从用了你说的法子以后，情况好多了，瞧，再也没有没处理完的事情了。"

对于看似烦琐、杂乱的工作，要学会分类。搞清楚什么是必须做的，什么是可以延缓去做的，也就是我们经常说的分清什么才是工作中的主要矛盾，要做到主次分明、统筹兼顾。任何的工作都有轻重缓急之分，即便是一些繁杂的小事，如果我们不能把它处理好，就会极大地影响我们的工作效率。相反，如果我们能找到工作中事情发展的规律，从而分清办事的先后顺序，就将极大地提高我们的工作效率。

“分清轻重缓急，设计优先顺序，杜绝杂乱无章，办事有条有理”，这几句话是把工作做好的最有用的箴言。抛弃杂乱无章的习惯，每天都把自己要做的事拟定一个顺序，制定一个计划，有条有理地按照计划完成工作，并养成这样的习惯，工作就能有条不紊，得心应手，成功的机会也就多了。

3. 合理安排，最重要的事情最先做

处理事情，一定要分清轻重缓急，找到先后顺序，这样才能大大提高效率。通常来说，我们要做的事情分为两种，一种是比较紧急的，一种是比较重要的，这就需要我们正确区分，设定优先顺序，才能提高效率。

遍布全美的都市服务公司创始人亨利·杜赫提说过：“人有两种能力是千金难求的无价之宝：一是思考能力；二是分清事情的轻重缓急、并妥当处理的能力。”把精力集中在最重要的事情上，是很多成功人士所奉行的重要原则，也是我们高效完成工作的重要前提。

白手起家的查理德·洛曼经过12年的努力后，被提升为派索公司销售经理，另有上百万的其他收入。查理德·洛曼说：“我每天早晨5点起床，因为这一时刻我的思考力最好。我计划当天要做的事，并按事情的轻重缓急做好安排。”

弗兰克·贝格特是全美最成功的保险推销员之一，每天早晨不到5点钟，便把当天要做的事安排好了；他定下每天要完成的保险数额，如果没有完成，便加到第二天的数额中，以后依此推算。

高效能人士经常在工作中忙于要事，他们能分清事情的主次，知道哪些事是需要做的，哪些事是不需要做的，哪些事关照一下就行，哪些事该放弃……从而在最重要的事情上付出充足的时间和精力。

一个人在工作中还常常会被各种琐事、杂事纠缠。我们要学会拒绝这些烦恼，不让额外的事情影响自己的工作。为自己的工作做一个好的计划，按计划进行。也许对许多人来说，拒绝别人特别是上司的要求是一件为难的事情。但是盲目地揽下本不应该揽下的活会严重影响你工作任务的完成。所以在决定你该不该答应对方的要求时，应该先问问自己："这需要多长时间？我的工作会不会被耽误？"在明确工作目的和任务后，能不能实现它就在于能否进行合理的组织工作。然后，为自己即将开展的工作做好计划，利用有限的时间赶紧去做最要紧的事，这样才能保证你的工作效率。

哈佛商学院可谓如今美国最大、最富、最有名望、最具权威的管理学院。它每年招收750名两年制的硕士研究生、30名四年制的博士研究生和2000名各类在职的经理进行学习和培训。在他们的教学中，经常给学生讲述一种很有效的做事方法：80对20法则。即任何工作，如果按价值顺序排列，那么总价值的80%往往来源于20%的项目。

简单地说，如果你把所有必须干的工作，按重要程度分为10项的话，那么只要把其中最重要的两项干好，其余的8项工作也就自然能比较顺利地完成了。所以，要把手中的事情处理好，就要把自己的时间、精力更多地集中在那最有价值的20%的工作上，这会给你带来意想不到的收获。

同样，我们在做事的时候，也应该学会运用这个方法，以重要的事情为主，先解决重要的问题，对于一些次要的问题，可以暂时放一放。要知道，科学地选择能够帮助你把事情做得更好。

凡事都需要计划，需要安排。只有合理安排工作，分清事情的轻重缓急，把最重要的事情放到最前面，才能获得工作的高效率。

一般而言，我们每天面对的事情可以分为以下几类：

第一，急迫而重要的，非尽快完成不可。这类事情一般是当务之急，需要优先去做，尽快解决。如方案的制订，一些突发性事件，即将到期的任务，参加指定的重要会议，接待突然来访的重要客人，等等。

第二，重要但不急迫的。这类事情尽管不紧急，但它却决定着工作绩效的高低。所以，我们应该把主要的精力和时间放在这类事务的处理上。虽然没有设定期限，但早点完成，可以减轻工作负担，增加工作表现。如工作的长远规划，处理客户的投诉，制定防范措施，向自己的客户拜年，等等。

第三，急迫而不重要的。比如接电话等。

第四，既不急迫又不重要的。如“鸡毛蒜皮”的小事。

我们可以按照上述分类，将重要且紧迫的事情定为A类，将重要但不紧迫的事情定为B类，将紧迫但不重要的事情定为C类，将既不紧迫又不重要的事情定为D类。在实际工作中，我们应该先做重要的事，即A类事情，这类事情做得越多，我们的工作效率就越高。

如果分不清轻重缓急，做事就会没有计划，就有可能错过大好的机会。为什么许多人都在勤勤恳恳地做事，但结果却不一样呢？其中一个重要的原因是有的人缺乏洞悉事物轻重缓急的能力，做起事来毫无头绪。

有一个年轻的部门经理，做事不太会权衡轻重。一天，公司的业务员拉来了一笔生意，可这位年轻的部门经理正忙着布置办公室的各种摆设。他煞费苦心地想：打字机应该放在哪里？垃圾筒放在什么地方更好？桌子怎么摆放？他想先把手头的事情做完再按部就班地处理这笔生意。结果，一个至关重要的机会白白丢掉了。

人生中遇到的很多事情，有的非常重要，有的可做也可不做。如果我们分不清事情的轻重缓急，找不到重点和要点，而胡乱地把精力分散在微不足道的不重要的事情上，那么人生只会在琐事中沉沦。所以，要事第一,无论是谁都应当谨记的原则,任何时候,做事一定要分清轻重缓急,敢于舍弃一些细枝末节,集中精力做大事,成功就一定会属于你。

4.

做时间的主人,高效利用每一分钟

爱因斯坦认为,人与人之间的最大区别就在于怎样利用时间。我们出生时,世界送给我们最好的礼物就是时间。不论对穷人还是富人,这份礼物是如此公平:一天 24 小时,我们每一个人都用它来投资经营自己的生命。有的人很会经营,一分钟变成两分钟,一小时变成两小时,一天变成两天……他用上天赐予的时间做了很多的事,最终换来了成功。其实,这世界上的伟人、元首、科学家、发明家、文学家,等等,最成功之处就是运用时间方面的成功,他们都是运用时间的高手。所以,身在职场中的你,想要获得更充分的发展空间,你就必须要学会自我控制时间。

法国思想家伏尔泰曾出过一个谜语:“世界上哪样东西是最长的又是最短的,最快的又是最慢的,最能分割的又是最广大的,最不受重视的又是最受惋惜的;没有它,什么事情都做不成;它使一切渺小的东西归于消灭,使一切伟大的东西生命不绝?”

很显然,这个“东西”就是时间。时间是不可再生资源,它消失了,就没有了。每个人都是过一天少一天。一天 24 小时,谁都是被平等地赋予,这已成为时间管理理论的公理。但事实不然,很多大政治家、画家或音乐巨匠、文豪、学者,如罗马的恺撒大帝、意大利的达·芬奇、德国的莱布尼兹、德国的歌德,以及现代分秒必争的铁腕经营者们,他们在一天 24 小时中,经手完成的工作,无论在质或量方面,都是超乎一般人想象的。

但同样拥有一天24小时的其他人，却没留下什么成功的痕迹。

时间就是效率，就是财富。所以，是否会管理时间就显得尤为重要。现代管理大师彼德·德鲁克曾说："不能管理时间，便什么都不能做好。"会管理时间的人能够轻松地做完并做好手头的事，在有限的时间创造无限的价值；不会管理时间的人则总是忙得焦头烂额，还有可能做不好手头的事情。

时间不会在时光老人的哀求中停止。因为时间对每个人来说都是公平的，失去了绝不会再回来。

智者查帝格曾这样描述过时间："世界上最长的东西莫过于时间，因它永无穷尽；最短的东西也莫过于时间，因为人们所有的计划都来不及完成。在等待着的人看来，时间是最慢的；在作乐的人看来，时间是最快的。时间可以扩展到无穷大，也可以分割到无穷小。当时谁都不重视，过后谁都表示惋惜。没有时间，什么事都做不成。不值得后世纪念的，时间会把它冲走，而凡属伟大的，时间就让它凝固起来，永垂不朽。"

人生太短暂了，分分秒秒都是生命的组成部分，虚掷大把大把的时间，就是浪费大把大把的生命。谁都需要抓住今天，不唱明日歌。只有当天完成当天的任务，而不是拖延到明天，时间利用率才能提高。昨天已是无效的支票，而明天是预约的支票，只有今天才是货币，只有此时此刻才具有流动性。

每一个人都应该养成这样一种习惯，珍惜和利用好生命中的分分秒秒，抓紧任何一点零散的时光。你可以把这样一些空闲时间用于促进你的本职工作，使之更上一层楼；你也可以将其用于开拓新的领域，让自己接触更为广阔的天地。无论是哪一种，你的心灵都必须牢记"时间不容我浪费"，时光像流水一样匆匆过去，与其独立江头空叹"逝者如斯夫"，不如从此刻发奋努力，珍惜分分秒秒。

真正有志于成功的人是善于利用时间的。很多时候，时间并不是大段大段地以整块的形式出现，它们无影无形地隐藏起来，就像不起眼的水珠，10秒、30秒、1分钟，无声无息地落入了岁月的长河。如果你不管不顾，它们就会烟消云散；它们就像微小的芝麻粒掉进了石头缝里，很难把它们重新拾起来，一天中很多时间就这样白白地被浪费了。但是，只要你抓住它们的行踪，珍惜并利用它们，它们就能变成江河之水。

时间很少整块地出现，而事情却常常需要集中处理。人们很难在短暂的时间中作出并实行一个计划。即使你很紧凑地安排了日程，也不可避免地会出现等车、等飞机和等人的空闲时间。“空闲时间”并不可怕，可怕、可悲的是出现“空白时间”。有效地利用这些零碎的时间吧，就像攒钱一样，一分一分地积累，到最后就会创造财富。

如果你能充分地利用好零散的时间，那么你就能更好地把握整段的时间了。当你在这些隐藏的、短暂的时间里做了别人放弃的事情，你就比别人快了一步，人与人之间的差距往往就是这样拉开的。你的成就也会因为你的努力抓紧时间而被放大，变得更加伟大。

第七章

心态消极，缺乏主动
——天上不会掉成功，成功需要积极主动去争取

拿破仑·希尔说："人与人之间原本只有很小的差异，但是这种很小的差异却导致人的一生迥然不同。这种很小的差异就是你所具备的心态是积极的还是消极的，你的工作是主动的还是被动的，最终的结果就是成功或失败的不同人生结局。"有着消极、被动习惯的人，注定会被成功抛弃。积极主动不仅是平凡和卓越的分水岭，也是员工不断追求卓越的不二法门。

1.

主动是平庸和卓越的分水岭

不是听一句做一句，而是主动积极；不只做老板交代的工作，而是做需要做的任何工作；永远主动找事做，而非等事做，这是平庸员工和优秀员工的重要区别。主动积极的员工，不管做任何工作都会自动自发，不管派往任何地方都毫无怨言，不管分内的工作还是分外的工作，都自觉自愿……对待工作，是不是主动积极，也就成为了平庸和卓越的分水岭，成为失败和成功的岔路口。

李万钧是微软历史上最年轻的中层经理，很多人都不明白，初出茅庐、毫无工作经验的他凭什么仅仅入职微软两年就被提拔为中层经理——一般人奋斗七八年才能胜任的位置？更让人嫉妒的是，2002年，因在上海技术中心出色的工作表现，他被调任美国总部任高级财务分析师。那么，他究竟凭什么“一路飙升”的呢？

1998年，22岁的大学毕业生李万钧应聘为微软技术支持中心的一名网络工程师，年纪轻轻，极具上进心，在工作上也表现得相当成熟、稳重，尤其在维护公司利益方面有着自己独特的建议和有效的方式：善于从企业利益出发，为企业考虑，积极主动去做有利于公司的事情。

刚刚入职两个月，李万钧就发现公司考核用的报表系统有很多小毛病：考核“成绩单”每月月底才送到经理那里，经理不能及时调配和督促员工，员工也不能有效地受到督促和提高；与此同时，以目前的状况，一旦业务量突增或有员工请假，对于刚刚发展的上海技术支持中心来说，很多工作就可能被耽误甚至造成大的损失，被客户投诉。

于是，李万钧利用周末休息的时间用 ASP（微软服务器上的一种脚本）写了一个他所期望的报表小程序，写好后经过运行、检验，觉得这个程序确实简单而且实用。他主动找到时任微软大陆区上海总经理的唐骏，并展示了这个小程序。

唐骏看到了这个小程序的价值，随即鼓励李万钧继续进行完善，并亲自与他探讨自己希望看到的数据和信息。一个月后，李万钧利用业余时间做的报表系统取代了从微软总部照搬的 Excel 报表，在上海内部网页上投入了使用。

实际上，李万钧设计的报表不仅取得了预期的激励员工的效果，每月新增加的报表功能，使得这套系统的应用范围不断扩大，半年后在微软欧洲公司也得到了应用。

由于在报表系统创新上的出色表现，加上其在工作上的优异成绩，李万钧主动积极、勤奋努力的品格和从管理者角度思考问题的潜在品质被总经理唐骏所看中，在 2000 年被提升为中层经理，负责组建亚洲现场支持部，成为微软历史上最年轻的中层经理。

截至 2001 年，微软亚太技术支持中心已快速壮大到拥有技术工程师 600 余人，李万钧又意识到技术中心的规模越大财务分析就越重要，再次主动提出了自己的想法，向上级申请技术中心需要建立一个财务分析小团队，以便对整个亚洲地区的技术支持业务的成本控制、财务预算等方面进行分析。李万钧的想法得到了总裁的支持，并随即被任命为亚洲地区业务分析经理。2002 年 6 月，微软中国区总裁向总部推荐李万钧到微软总部做高级财务分析的工作，进过考察和审核，李万钧成为整个团队中最年轻的成员。

成功的人很早就明白，什么事情都要自己主动争取，并且要为自己的行为负责。没有人能保证你成功，除了你自己；也没有人能阻挠你成功，除了你自己。

考察一下那些成功人士和得到老板赏识的员工,那些“打工皇帝”,那些“高级CEO”,甚至那些晋升很快、业绩突出的员工,无一不是主动、自发、认认真真、兢兢业业的人。他们很早就明白,什么事情都要自己主动争取,而不是被动等待。所以,成功的人总是那些有着积极主动习惯的人。

张燕是老总的秘书,老总高兴的时候夸她两句,不高兴的时候骂她两句也是必然的。所以作为老总身边的工作人员要时时刻刻注意将事情安排周密。拿一个小事来说,有一次张燕陪同老总去谈客户,请示要不要把合同带上,老总说只是初次见面签合同还早着呢,带了也没用。张燕一想也对,但是离开办公室的最后一秒钟,她还是把事先准备好的合同和所有可能用到的资料装进了文件夹。席间,客户不停地问这问那,甚至提及了打款事宜,看苗头很有意愿。老总在心里一个劲儿后悔没带文件合同,这时张燕微笑着从包里取出文件资料让客户更明细地了解公司产品,客户看了很满意。张燕又不失时机追问一句:“陈总,如果您对我们公司的一切都还满意的话,今天我们就可以签订合同,这样您还可以享受我们最后一天的优惠价格,而且像您这样的客户我们一定也会让您享受周到的售后服务。”经过一番言语交错,客户同意签合同。这时张燕从文件夹中把合同书拿出来端放在客户面前,客户大笔一挥签下了两份合同书。

事后,老总开玩笑地说:“小张啊,你可不是个听话的员工啊。不过你这种不听话应该作为案例在全公司提倡,哈哈哈……从下个月起,要财务部给你加三成薪水。”

老板喜欢具有主动率先精神的员工,欣赏自动自发的职员,这是一个不争的事实。能得到老板青睐的,永远是那些自动自发、主动积极的员工。

美国麦肯锡企业管理顾问通过对全球最卓越的几家公司进行近十年的研究,得出结论:要成为一名优秀员工,无须有多高的智商、情商等,而是要首先具备一种品质，那就是主动性。主动性加上不断改进工作方法，每一个人都能够成为明星员工。

也有一些人对待工作，信奉“领多少工资做多少事”，他们总是吝于付出，做什么事都推三阻四、借口满天飞，能不做的坚决不做，能少做一件也不多做。对他们来说，多工作一分钟都是莫大的损失，他们不明白，能力是越用越强，才干是越练越精。混日子的人会为企业所不容，迟早要被企业淘汰。

任何事情都是双向的：企业有选择员工的权利，相应地，每个人也有挑选企业的权利。只要你决定在企业里工作，就要永远保持这样的精神状态。在其位就要谋其政，不管企业是大是小，你都应该主动工作，竭智尽忠，贡献你的最大力量。相信只要你始终贯彻“追求优秀”的工作精神，在工作中积极主动，勇于进取，你就一定会成为企业优秀的员工。

主动是平庸和卓越的分水岭。主动积极，你就会越来越优秀，直到卓越，抵达成功的顶峰；消极被动，你就会越来越平庸，在无所事事中沉入失败的泥淖。

2. 消极的心态是腐蚀成功的毒药

无论在什么样的岗位上，只有保持积极的心态，才能取得骄人的成绩。一名优秀的员工在职场立于不败之地的法宝便是积极的心态，而一个取得巨大成功的伟大人物百战百胜的秘诀也是积极的心态。消极的心态只会像毒药一样腐蚀我们的心灵，让我们百事难为，万事不顺，阻碍我们的成功。

打个简单的比方吧，一个人，倘若总是处在痛苦、压抑、烦躁的心态之中，那么，即使不得癌症，无疑也会疾病缠身；然而，如果一个人以积极的心态去对待疾病，哪怕是绝症，那么，他心灵的无穷潜力也会被激发出来，从而坦然接受现实，并努力地改变它，以至发生医学奇迹。这就是心态的作用，是积极心态和消极心态的区别。

医院里住着一个肺癌晚期的患者。他以前虽然知道吸烟不好，但还是每天吸一包烟，但这样的结果让他很受打击：别人都比他抽得多，都没有毛病，可偏偏他得肺癌了，所以他决定在最后的这段时间好好享受吸烟的快乐，每天烟不离手，最多的时候，一天可以抽掉3包烟，而且还开始酗酒，以此来麻醉自己，让自己忘记痛苦和烦恼，以及死亡带来的恐惧。

家人和医生再三劝阻，他都听不进去，还反过来责怪亲人，说临死前也不让他活得快活一点。结果不到半年时间，这个患者就因为癌细胞的转移和扩散而去世了。

事实上，如果不吸烟的话，其病情可能不会这么快就恶化。很多病人都有这样的逆反心理，觉得上天对自己不公平，甚至怀疑是不是拿错了检查报告，在病情得到最终证实之后，他们就会选择用消极的方式来逃避现实、自欺欺人，用自残的方式麻醉痛苦的心灵，意志消沉，有气无力，最终不治而终。

与此相反，那些心态积极、主动治疗、乐观向上的病人，虽然患的是相同的病症，也许情况会糟糕一些，但他们却能创造奇迹。

某肿瘤医院近来接连死了两个癌症患者，这使医院的气氛显得压抑而沉重。许多住院病人情绪低落，有的茶饭不思，有的不肯打针吃药。负责这些病人的主治医生很着急，连忙向心理医生求助。

心理医生做了细致深入的调查，他发现很多病人都认为癌症是绝症，无药可治，故此伤心失望。于是，心理医生针对他们消极的心理编了一套“不必伤心”的劝说词：

“癌症并非不治之症。患了癌症有两种可能：一种是早期患者，一种是晚期患者。早期患者可以根治，你不必伤心。晚期患者也有两种可能：一种是经过治疗可以治愈，一种是一时未能治愈但还能活上几年。可以治愈的当然不必伤心，能够再活几年的也有两种可能：一种是今后随着医学技术的发展可使症状缓解，存活期延长；一种是到时确实医治无效而死。存活期延长的不必伤心，医治无效的也不必伤心，因为你已经死了，还有什么可伤心的呢？”听到这里，病人们“扑哧”一声笑了起来。于是，笼罩在病房里的阴霾就这样被驱散了。病人们积极治疗，好几个病人的治疗效果明显，高兴地出院了。实在治不好的，也选择乐观地过好每一天，让他们自己和家人都欣慰不已。

不过就是心态问题。积极的心态是激发我们内心强大潜力的催化剂，而消极的心态只会腐蚀我们的心灵，让我们脆弱、被动，甚至绝望，人生被这种消极心态毁灭了，还谈什么成功？

员工的消极心态还表现在对工作的拖延、等待、懒散、懈怠上面。很多员工其实有很强的能力，但是由于心态消极，从来没有想过主动积极地去把工作做好，总是像算盘珠子一般拨一下动一下，不拨就永远待在那里。这样的人，有什么成功可言？天上不会掉馅饼，即使真掉，也不会那么巧就掉在你怀里，那也需要你积极地去捡，要不早被别人抢光了。消极地等在那里，注定是什么也得不到的。

天使在森林中看见一位老农正坐在树桩上抽烟，于是他上前打招呼说：“你好，你在这儿干什么呢？”

这位老农回答：“有一次我正要砍树，但就在这时风雨大作，刮倒了许多参天大树，这省了我不少力气。”

“你真幸运！”天使说。

“你可说对了，还有一次，暴风雨中的闪电把我准备要焚烧的干草给点着了。”

“真是奇迹！现在你准备做什么？”

“我正等待发生一场地震把土豆从地里翻出来。”

老农永远不会等到土豆从地里自己蹦出来的那一天。被动地等待或守株待兔无异于把自己的命运交付给未可知的外力来决定。所以想成功，就一定要养成“积极主动”的习惯，马上去干，立即执行，而不是拖、懒、等，消极，低沉，打不起精神，这样只会把成功往外推。

消极心态就像一个恶魔，其致命的程度，较之各种形式的恐惧有过之而无不及。我们必须认真地为自己的心灵设防，保护自己不受这个恶魔的侵害。

有些人经常这样否定自己：“凡事我都做不好”、“过去屡屡失败，这次也必然失败”、“人生毫无意义可言，整个世界只是黑暗”、“没有人肯和我结婚”、“我是个不擅交际的人”……抱有这些想法的人，往往都不快乐。无论消极思想的影响是你自己造成的，还是你身边消极人物的活动所导致的，为了保护你自己，你要有足够的意志力。运用这种意志力在心中筑起一道围墙，使你对消极思想产生免疫力。

总之，消极心态是失败、颓废的根源，是成功的“拦路虎”。它会使我们壮志成空、激情消失，使成功化为泡影。要想成功，务必摒弃这种坏习惯。

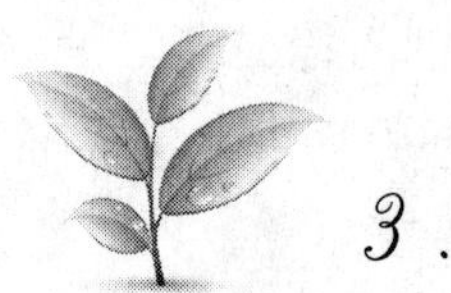

3.拨一下动一下最后只会被扔下

有人形象地把缺少主动性、总是在消极地等工作的员工称为“算盘珠子员工”，拨一下动一下，不拨就停下，最终是一事无成，不过还是个悬在半空的算盘珠子。

这个比喻很贴切。我们老家也有一个和这个类似的比喻，就是那些被动消极、总是需要人推着才能往前走的人，就像“癞蛤蟆”戳一下动一下，都是说的这种不思进取、缺乏主动、被动消极的人可恶的一面。这样的人其实除了可恶，还可怜，因为他们的好多好多大好的机会被他们的这种懒散和被动破坏了。

学电脑专业的杜明和孙洁同时进入一家公司实习，因为公司决定只留下一个人，因而给他们俩安排了相同的任务。早上听课，下午完成工作任务。

杜明每天下午都把自己关在办公室里，阅读技术文件，学习一些日后工作中可能用得着的软件程序，当有的同事因手头忙碌请他暂时帮会儿忙时，都被他谢绝了。他认为，自己最关键的任务就是努力提高自己的技术能力，并向同事及老板证明自己的技术能力是如何出色。那些分外的工作，自己何必理睬呢？实在有领导命令他干时，他才勉为其难地去干。

而孙洁除了每天下午花两小时看资料外，把剩余的时间都花在询问同事与他们项目有关的一些问题上了。当同事们遇到问题或忙不过来时，她就主动帮忙。当所有办公室的 PC 机都要安装一种新的软件工具时，每个人都希望能跳过这种耗时的、琐碎的安装过程。由于孙洁懂得如何安装，她便自愿为所有机器安装这个工具，这使得她不得不每天早出晚归，以免影响其他工作。包括杜明在内的部分同事都把孙洁看做傻瓜。

6 个月后，杜明和孙洁都完成了安排的工作任务。他们的两个项目从技术上讲完成得都不错，杜明还稍显优势。但是公司却最终选择留下了孙洁。杜明很不服气，就去经理办公室问，为什么选择孙洁而不是自己？

经理说，虽然说你的技术不错，你专攻你的技术也没错，但你对公司的事情一点主动性也没有，指示你一次，你就动一次，我怎么把你和公司联在一起？同事们又如何与你融为一体？

比尔·盖茨曾说："一个好员工，应该是一个积极主动去做事，积极主动去提高自身技能的人。这样的员工，不必依靠管理手段去触发他的主观能动性。"拨一下动一下，最后必然被扔下。只有那些永远积极主动、充分发挥自己主动性的人，才是企业最需要、老板最青睐的员工，才是可能获得机会、取得业绩的员工。

对于这一点，微软中国研发中心的桌面应用部经理毛永刚深有体会。

1997年，他刚被招进微软时负责做Word。当时他只有一个大概的资料，没有人告诉他该怎么做，该用什么工具。和美国总部交流沟通，得到的答复是一切都要靠自己去做。在没有硬性规定测试程序和步骤的情况下，他根据自己对产品的理解，考虑到产品的设计和用户的使用习惯等，发现了许多新的问题。结果他发挥了自己最大的主动性，设计出了最满意的产品。

主动性是最能体现优秀员工与普通员工差异的地方。积极主动的员工，才是一个能把任何事都做得圆圆满满的员工，才是老板所器重的员工，才是最终能有所成就、不被淘汰、不被扔下的成功者。

4.

永远积极主动，才能无往而不胜

在职场中，优秀与否的关键在于能否积极主动、自动自发地工作。唯有养成积极主动的习惯，拒绝被动安排，才能提升工作的激情，才愿意接受更多的挑战，从而赢得领导的青睐和成功的眷顾！

自动自发是每一位职场员工必备的基本品格。李开复在《做最好的自己》一书中说道："每一个年轻人都要拥有一颗积极、主动的心，要善于规划和管理自己的事业，为自己的人生做出最为重要的抉择。没有人比你更在乎你自己的事业，没有什么东西像积极主动的态度一样更能体现你自己的独立人格。"的确如此，作为一名年轻人，一定要克服自己懒散的习惯，注重培养自己的积极主动精神，在工作中要像在举行一场百米赛一样，自动自发，奋力奔跑才是最重要的，也才是取得成功的关键。

20多年前，在内蒙古一个偏僻、贫困的小村庄里，有一位普普通通的年轻人，在19岁那年，他带着6个窝窝头，骑着一辆破自行车，到80公里外的城里去谋生。

他好不容易在建筑工地找到了一份打杂的小工。一天的工资是1.7元，对他而言只够吃饭，但他还是想尽办法每天省下1元钱接济家人。

尽管生活十分艰难，但他还是不断地鼓励自己会有出人头地的那一天。为此，他下决心付出比别人更多的努力。两个月后，他被提升为材料员，工资加了1元钱。

靠比别人多付出，他初步站稳了脚跟。之后，他就开始重视方法。他认为要在新单位站稳脚跟，就得得到大家更多的认可，甚至成为单位不可缺少的人。那么，怎样才能做到这一点呢？

冥思苦想之后，他终于想到了一个小点子：工地的生活十分枯燥，他想，能不能让大家的业余生活过得丰富一点呢？想到这点，他拿出自己省下来的一点钱，买了《三国演义》《水浒传》等名著，认真阅读后，讲给大家听。这一来，晚饭后的时间，总是大家最开心的时间。每天工友们开心的笑声，就是对他的极大奖赏。

更没有想到的是，一天老板来工地检查工作，发现了他有非常好的口才，于是决定将他提升为公关业务员。

一个小点子付诸实践后就能有这样的效果，他极受鼓舞。于是他便将主动找方法的特长运用到各个方面。

对工地上的所有问题，他都抱着一种主人翁的积极心态去处理。夜班工友有随地小便的习惯，怎么说都没有用，他想尽办法让大家文明上厕；一个工友性格暴躁，喝酒后与承包方要拼命，他想办法平息矛盾，做到使各方都满意……别看这些都是小事，但领导都看在眼里。慢慢地，他成了领导的左膀右臂。

最有意思的一个时刻来到了，由于他经常主动找方法，他等来了一个创业的良机。

有一天，工地领导告诉他，公司本来承包了一个工程，但由于这样那样的原因，难度太大，决定放弃。他力劝领导别放弃。领导看他充满热情，突然说了一句话："这个项目我没有把握做好。如果你看得准，可以由你牵头来做，我可以给你提供帮助。”

他几乎不敢相信自己的耳朵，这不是给自己提供了一个可以自行创业的绝好机会吗？他毫不犹豫地接下了这个项目，然后信心百倍地干了起来。

这位年轻人尝到了用不懈的进取精神和不断想办法来解决难题的益处，从此更加努力。他现在不仅拥有当地最大的建筑队，还是内蒙古最大的草业经营者之一，每年有1万多户农民给他的企业提供玉米、草等饲料。拥有了很多财富的他，在贫困的故乡，建起了一个全世界最大的金霉素生产厂，其生产量占全球的1/4，很多父老乡亲跟着他走上了脱贫致富的道路。

这位创造了奇迹的人叫王东晓，是内蒙古金河集团的董事长。

永远积极主动，永远奋发上进，任何机会都决不放过，任何时候都积极争取，这样的人，岂能不成功！

机遇，很神秘，很神奇，但永远只对有准备的人微笑，永远只为主动积极的人打开大门。永远积极主动，机会就永远在你身边，你就会永远无往而不胜。

机遇人人都有可能遇到，但是，并非人人都有能力抓住机遇。只有那些积极主动、努力去抓住机遇的人，才有可能得到机遇垂青。

机会只垂青积极主动的人，而不是消极等待的人。如果一个想成功的人，只想着别人用双手托着银盘子把机遇送到他面前，那他也就只有失望的份。只有那些永远积极主动的人，只有那些总是及时行动的人，只有那些时刻为成功做好准备的人，才能成功。

一个永远积极主动的人，不管什么样的机会都不会错过，不管在任何情况下，他都无往而不胜。

第八章

粗枝大叶，马虎大意
——工作“差不多”成功就会“差很多”

认真，它可以让一个普普通通、毫无背景的人脱颖而出，创造出不凡的业绩，而不认真却可以让一个才华横溢、能力过人的人碌碌无为，成为一个被社会淘汰的对象。只有养成认真的习惯，才能提高工作的效能，才能充分展现自己的能力，才能在自己的职业生涯中获得成功！那些粗枝大叶、马虎大意的人，很难成功，因为在他们“差不多”的工作中，成功早已差了太多了！

1.

粗枝大叶就会被“小事”绊倒

有很多员工能力很强，但就是性格大大咧咧，做事粗枝大叶，凡事只求完成，不求完美，奉行“差不多就行”，结果是自己“干什么也不行”，什么成绩也没有，反倒错误百出，漏洞不断，时不时被他所忽略过的“差不多”的小事绊得跟斗连连。

有一位很权威的作者，作品畅销，一直和一家大型出版社合作得很好。但是编辑再次向这位合作已久的权威撰稿人约稿时，被那位撰稿人断然拒绝：“你们那样的地方，我再也不写了。”

编辑急忙向上级报告这件事，并说自己不知道为何会变成这样。那位撰稿人在社会上很有名，在某种意义上说，他不仅仅是奠定这家出版社基础和声望的恩人，而且如果今后他不在该出版社出书的话，出版社经营也将遭到巨大打击。

社长匆匆忙忙地到那位撰稿人的家里拜访，恳请其继续供稿，但无论怎么说，对方就是不答应。社长更加努力地央求，那人最后慢慢地从小文件箱中拿出了一份拆开的信，默默地放到社长面前。社长看出这是由自己单位发出的信件，刚开始时不明白到底是怎么一回事，仔细一看才恍然大悟：原来“收信人”即撰稿人的名字被写错了，名字中出现了一个音同字不同的别字。

社长慌忙一个劲地道歉，为员工的失误表示歉意，供稿请求也无法再提。社长只好垂头丧气地返回。

回到单位，他马上把负责写这封信的女职员叫来，责问她为何会犯这样的错误,这位女职员说“只要寄到不就行了”,社长大为恼火,炒掉了这位女职员,但与这位撰稿人的合作终究还是继续不了了。这位女员工和出版社都被这一个小小的错字绊了一个大跟头。

粗枝大叶、马虎大意,小事也会变成大事。不就是一个小小的错字吗?但却影响到了出版社的经营,还能说是小事吗?

其实,像名字这样看似平常不过的小事,却是最不能粗枝大叶的事。因为名字代表的就是这个人,如果是陌生人偶尔叫错或是写错还情有可原,但是在正式的书信往来和社交场合,名字是千万不能错的,哪怕就像这位女职工一样不过是无心之失也不能原谅,因为这对于这位作家来说,可是极大的不尊重,要不然他人何至于生气如此?这是每一个员工都需要注意的。

工作需要认真,更需要细心,需要关注细节,需要重视小事。在日常生活中,人们常常忽视小事,甚至认为它无关宏旨、无足轻重,殊不知小事往往决定成败。

小曲是某名牌大学新闻系的优秀毕业生,在一家出版公司工作。小曲刚参加工作,意气风发,一心想干一番大事业,可是出乎他的意料的是,他一开始却被公司安排做校对文稿的工作。“这有什么可做的,简直毫无前途可言。”小曲觉得做这样的工作浪费了自己的才华。其实这是公司有意锻炼他的耐心与毅力,让他以后在公司里有所作为。可小曲却认为这是大材小用,工作起来一点也提不起兴趣,而且毫不认真,他校对的文稿常常错误百出。由此老板认为,小曲连校对文稿这样的小事都做不好,还能干什么更重要的大事呢?因此,小曲一直没有得到老板的认可。

相反,跟他同在这家公司工作的小娟,对待工作却极其细致认真。跟小曲一样,小娟也是做文稿校对工作,但是小娟从来没有把这份工作当成一件小事来对待。在她眼里,这同样也是一份锻炼自己能力的工作,因此,不管老板交给她什么任务,她总是积极努力地去完成,从来没有出现过拖延的情况,而且校对的文稿错误极少。同时,她不但把自己负责的本职工作做好,还主动分担一些理论研究工作,文章也写得非常有深度。很快,她吃苦耐劳的精神和认真细致的工作态度得到了老板的认可,不到两年的时间,她已经成为公司的骨干。

细节是平凡的、不起眼的,但它的作用却是巨大的。细节是一种动力、一种精神。我们不仅要在生活中重视细节,在工作中更应如此。小曲和小娟对工作的认识不同,结果自然不同。粗枝大叶,工作自然会做得一塌糊涂,即使能力再强也难逃被解雇的命运。

小事不可大意,因为一不小心,就有可能被小事绊倒。因而大凡成大事者,无一不是重细节、重小处之人。越是小事越用心,越是小处越谨慎,不管做任何事情,都从来不曾马虎,不曾粗心,因而他们也就自然比别人有更多的成功机会。

1862年,德国哥丁根大学医学院的亨尔教授迎来了他的新学生。在对新生进行过面试和笔试后,亨尔教授脸上露出了笑容——这届学生中的很大一部分人,是他教学生涯中碰到的最好苗子。但他很快又心情沉重起来。

开学不久的一天,亨尔教授忽然把自己多年积累下的论文手稿全部搬到教室里,分给学生们,让他们重新仔细工整地誊写一遍。但是,当学生们打开亨尔教授的论文手稿时,发现这些手稿已经非常工整了。几乎所有的学生都认为根本没有重抄一遍的必要,做这种没有价值而又繁冗枯燥的工作,是在浪费自己的青春。有这些时间,还不如发挥自己的聪明才智去搞研究。

他们大多都去实验室里搞研究去了。只有少数几个学生抄写,到最后只有一个学生还在一个字一个字地抄着论文手稿了。他抄写得极为认真,哪怕是写错一笔,也要重新抄写。他叫科赫。

一个学期以后,科赫把抄好的手稿送到了亨尔教授的办公室。仔细地看过了他抄的手稿后,一向和蔼的教授忽然严肃地对他说：“我向你表示崇高的敬意，孩子！你抄得太好了。我们从事医学研究的人，不光需要聪明的头脑和勤奋的精神，更为重要的是一定要具备一种一丝不苟的精神，绝不可以粗枝大叶、马虎大意。要知道，医学上走错一步，就是人命关天的大事！所以，每一个字母都不能有丝毫的差错。”

这番话深深触动了科赫年轻的心灵。在此后的学习和工作中，科赫一直保持严谨细致、认真仔细的学习心态和研究作风。这种做事态度让他在人类历史上首次发现了结核菌、霍乱菌。1905年，鉴于在细菌研究方面的卓越成就，瑞典皇家学会将诺贝尔生理学与医学奖授予了科赫。

尽善尽美的工作必须要有认真仔细的态度才能达到，任何粗枝大叶的做法都是干不好的。那些干工作大而化之、粗枝大叶、浮在面上，而不能沉到底，不会、不善于将工作抓细抓实，不认真对待小事的人，是做不好工作，也不可能得到成功的。

2. 不能忽略“小事”，“小事”从来不“小”

无论从事什么职业，无论在什么岗位上，无论职位高低，我们都要养成重视细节的习惯和高度认真严谨的态度，把小事当成大事做，任何小事都不忽略，否则将要为此付出昂贵的代价。

在1986年8月25日的上午，大江口维尼纶厂消防队接到一个紧急电话，在107国道上有一辆载着黄磷的货车起火了。

火情就是命令。当他们赶到事故现场，发现一辆解放牌旧货车停在公路的一侧，上面装有几十桶黄磷。车上的火势并不大，只是有少数几桶黄磷在燃烧，大部分铁桶都还好好的，四周都是空旷的田野。这样的一个小火警，对他们来说简直是“小菜一碟”。

他们打开高压水龙头，在水流的掩护下，几个消防队员跑上前，迅速打开了车厢门，爬上了车厢，把铁桶一个个往下扔。在消防水流的冲击下，铁桶里的热水四处喷溅着，湿透了他们的全身，他们也毫不在意。

但他们完全疏忽了这时候的热水，已不是一般的热水，而是已经掺和了大量熔化了的黄磷的液体。不一会儿，车上的几个消防队员马上变成了一团团的火球。为了抢救这总价值不过3万元的几吨黄磷，最后付出了180多万元的伤员治疗费用，还有4个年轻消防队员献出了他们最宝贵的生命。

黄磷是自燃物品，自燃温度是30℃，平时存放铁桶里，而且是浸没在水中的。这车上黄磷着火，无疑是盛装黄磷的铁桶漏干了里面的水。黄磷的熔点是44.1℃，也就是说，水稍加热，只要超过45℃，铁桶里面原本是固体的黄磷就能完全熔化成液体。可以说，这时车上所有的黄磷几乎完全熔成液态了。在如此干燥的环境下，自燃点极低的黄磷马上燃起了熊熊大火，最后消防员们浑身上下都燃起了大火。

小灾变成了大祸，其根本原因就是消防队员们忽视了起火物是黄磷这个小细节，使扑救的方法出现错误。黄磷起火，是最忌讳用带压消防水冲击的。他们完全不用打开车门，爬上车厢……只需用低压水流往车厢灌，让着火的黄磷再次浸没在水中就行了。

但是他们忽视了这一点，结果就如此惨重。

在数学上，“100－1＝99”，而在企业经营中，“100－1＝0”。100次决策，一次失败了，就足以让整个公司关门；100件产品，有一件不合格，就可能因此失去整个市场；100个员工，有一个背叛了，公司就会承受巨大的损失……同样，在生产中，在质量上，在安全工作中，一个员工100次都做好了,只要有一次,哪怕只是犯一个极为微小的错,也有可能会失去工作的机会,甚至付出生命的代价。那还有谁敢说,这些不过是小事呢?

可见在很多时候小事是不能忽视的,千万别认为小事“小”,其实再小的事都是重要的,都是不能忽视的,小事从来就不小,一旦忽视,就会成为大得超乎你的想象的大事。所以不要小看小事,不要讨厌小事,更不可忽视小事。因为忽视了小事,就失去了成功最关键的那一点,就会被小事毫不留情地绊倒。

一家公司正在招聘员工。来了不少应聘的人,看起来一个个精明干练。面试的人一个个进去又一个个出来,大家看起来都是胸有成竹。面试只有一道题,就是谈谈你对责任的理解。对于这样的一个问题,很多都认为简单得不能再简单。

然而结果却出人意料,一个人都没有被录取。难道这家企业成心不想招人?

“其实,我们也很遗憾,我们很欣赏各位的才华,你们对问题的分析也是层层深入,语言简洁畅达,令各位考官非常满意。但是,我们这次考试不是一道题,而是两道,遗憾的是,另外一道你们都没有回答。”经理说。大家哗然:“还有一道题?”

经理回答说:“对,还有一道,你们看到了躺在门边的那个笤帚了吗?有人从上面跨过去,有的甚至往旁边踢了一下,但却没把它扶起来。”

“没有对小事的关心和对细节关注的精神,怎么可以干好大事、担当重任呢?”

是的,小中可以见大,窥一斑可以见全豹,最细微的小事折射的往往是一个人的态度和作风。要知道,在我们工作中的许多事情都是小事,如果你没有对小事的敏感,又如何能干好工作呢?

小事从来就不小,任何小事都不可忽视,越是小事越不可大意,越是细节越需要下工夫。这是失败者的教训,也是成功者的经验。

3.

1%的失误也能毁掉你100%的努力

有时候尽管你为一件事情做了100%的努力，但也许就是1%的疏忽或是失误，前面的努力统统都会归零，甚至是负数，从而造成不可挽回的损失。

国王理查三世和他的对手里奇蒙德伯爵亨利要决一死战了，这场战斗将决定谁统治英国。

战斗进行的当天早上，理查派了一个马夫去备好自己最喜欢的战马。

“快点给它钉掌，”马夫对铁匠说，“国王希望骑着它打头阵。”

“你得等等，”铁匠回答，“我前几天给国王全军的马都钉了掌，现在我得找点儿铁片来。”

“我等不及了。”马夫不耐烦地叫道，“国王的敌人正在推进，我们必须在战场上迎击敌兵，有什么你就用什么吧。”

铁匠埋头干活，从一根铁条上弄下四个马掌，把它们砸平、整形，固定在马蹄上，然后开始钉钉子。钉了三个掌后，他发现没有钉子来钉第四个掌了。

“我需要两个钉子，”他说，“得需要点儿时间砸出两个。”

“我告诉过你等不及了，”马夫急切地说，“我听见军号了，你能不能凑合？”

“我能把马掌钉上，但是不能像其他几个那么牢固。”

“能不能挂住？”马夫问。

“应该能，”铁匠回答，“但我没把握。”

“好吧，就这样，”马夫叫道，“快点，要不然国王会怪罪到咱们俩头上的。”

两军开始交战了，理查国王鞭策士兵迎战敌人。“冲啊，冲啊！”他喊着，率领部队冲向敌阵。远远地，他看见战场另一头几个自己的士兵退却了。如果别的士兵看见他们这样，也会跟着后退的，所以理查策马扬鞭冲向那个缺口，召唤士兵调头战斗。

他还没走到一半，一个马掌掉了，战马跌翻在地，理查国王也被掀在地上。

国王还没有再抓住缰绳，惊恐的战马就跳起来逃走了。理查环顾四周，他的士兵们纷纷转身撤退，敌人的军队包围了上来。全国上下为了这一场战争所做出的努力一瞬间灰飞烟灭！

国王在空中悲愤地挥舞宝剑，“马！”他喊道，“一匹马，我的国家倾覆就因为这一匹马。”

他没有马骑了，他的军队已经分崩离析，士兵们自顾不暇。不一会儿，敌军俘获了理查，战斗结束了。

从那时起，人们就说：少了一个铁钉，丢了一个马掌；少了一个马掌，丢了一匹战马；少了一匹战马，败了一场战役；败了一场战役，失了一个国家。所有的损失都是因为少了一个马掌钉。

这个著名的传奇故事出自已故的英国国王理查三世逊位的史实，他1485年在波斯战役中被击败。而莎士比亚的名句：“马，马，一马失社稷。”使这一战役永载史册，同时也告诉了我们这样一个道理：一只马掌也可以毁灭一个国家，1%的失误就会导致100%的失败，1%的错误会毁掉100%的努力。

上过学的人都知道，在满分是100分的考卷里，能够得到99分，那已经是相当了不起的分数了。然而，在工作中，99分往往都是不及格的。

换句话说，如果你得了99分，说明你肯定还有做错了的地方。而在工作中，如果有了失误，也许就会令你前功尽弃。有时候，只差1分就可能令你损失极其惨重，付出特别高昂的代价。

如果联邦快递隔夜送达的成功率只要求99%，那么每天将有 6 000 名客户无法准时收到邮件。

如果澳洲航空只要求 99%的正确率，那么澳洲一天要发生 211 起致命的空难。

如果家中电力供应或是电话线路只能达到 99%的正确运作，会是什么情况？

如果车子制动 100 次只能成功 99 次，后果会怎样呢？

……

1%的失误带来的失败却是 100%的，毁掉的努力也是 100%的。要知道，水温升到 99℃，还不是开水，其价值有限；若再添一把火，在 99℃的基础上再升高 1℃，就会使水沸腾，并产生大量水蒸气来开动机器，从而获得巨大的经济效益。100 件事情，如果 99 件做好了，1 件未做好，这 1 件可能对于某一单位、某一组织或者某个人就是 100%的影响。

美国南北战争时期，著名的将军隆巴第曾经说过一句名言："胜利也许并不太重要，但胜利代表的是一切。"言下之意，只要每一件小事都做对了，就会赢得胜利。但是，也只有每一件小事都做对了，才可能赢得胜利。也就是说，也许在某处的 1%做得不对，你就可能输掉整个战役。而且，这个 1%也许还会让你无法从头再来。

1970 年，美国进行导弹发射试验，由于操作人员对弹体上的一个螺母少拧了半圈，导致系统失灵发射失败；

1980 年"阿丽亚娜"火箭试射，操作人员不慎将火箭上的一个商标碰落，正好堵住了燃烧室喷嘴，结果耗费巨资的发射毁于一旦；

1999 年 9 月 30 日，《华盛顿邮报》登载了一则惊人的新闻。美国宇航局火星气候探测飞船突然失踪的原因已经查清：有些数据在被输入程序时，工作人员忘记把英制转换为公制（应把英尺、英寸转换成公尺、公分）。数据输入错误，导致太空飞船陷入火星大气层，造成强烈的震动和摩擦，1.25 亿美元的火星探测计划也因此搁浅；

2003 年 1 月 16 日，美国"哥伦比亚"号航天飞机回航途中发生爆炸，飞机上一块脱落的泡沫令7名宇航员全部遇难；

……

别以为那1%是小事，不值一提，更不要认为1%的误差没有关系，要知道，1%的错误将会毁掉我们100%的努力！

一位管理专家曾一针见血地指出，从手中溜走1%的不及格，到用户手中将是100%的不合格。因此，在工作中每一个员工都应该以最高的规格标准要求自己，能做到最好，就必须做到最好；能完成100%，就绝不只做99%。只要你在工作中动用你的全部智能，做得比别人更快、更准确、更完美，就肯定能引起他人的关注，从而获得更多的发展机会，实现心中的愿望。

史蒂芬是位美国小伙子，他在一家裁缝店学成出师后，便来到德克萨斯州的一个城市开了一家自己的裁缝店，由于他做活认真，并且价格便宜，很快就声名远扬，许多人慕名而来找他做衣服。

一天，风姿绰约的哈里斯太太让史蒂芬为她做一套晚礼服。然而等史蒂芬做完的时候，却发现袖子比哈里斯太太要求的长了半寸，但哈里斯太太马上就要来取这套礼服了，史蒂芬已经来不及修改衣服了。

哈里斯太太来到史蒂芬的店中，她穿上了晚礼服在镜子前照来照去，同时不住地称赞史蒂芬的手艺，于是按说好的价格付钱给史蒂芬，没想到史蒂芬竟坚决拒绝。哈里斯太太非常纳闷，史蒂芬解释说：“太太，我不能收您的钱，因为我把袖子做长了半寸，为此我很抱歉，如果您能再给我一点时间，我非常愿意把它改到您需要的尺寸。”

听了史蒂芬的话后，哈里斯太太一再表示她对晚礼服很满意，她不介意那半寸，但不管哈里斯太太怎么说，史蒂芬也不肯收她的钱，最后哈里斯太太只好让步。在去参加晚会的路上，哈里斯太太对丈夫说：“史蒂芬以后一定会成功的，他勇于承认错误以及一丝不苟的工作态度让我钦佩。”

后来，史蒂芬果然成为了一位闻名世界的服装设计大师。

关注小错误是每一个成功者必备的素质，如果你仔细观察就会发现，成功者从来不会因为错误小就放过错误，一律都是认真对待。所以，一个想成功的人，对于任何细微的差池也绝不要放过，因为他们有着对待任何细微的小事也要认真仔细的良好习惯。正是这样的习惯，让他们事事有成，处处顺心。

4.

工作如果“差不多”，成功就会“差很多”

在企业中，许多人做事时常有“差不多就行”的心态，对于上司或是客户提出的要求，即使是合理的，也会觉得对方吹毛求疵而心生不满。这是因为这些人并没有把不起眼的错误当回事，或是压根儿不认为事情的结果跟自己有什么关系，所以产生了得过且过的心态。这种不认真的态度对于企业、对于自己都是极为不利的。

马鞍山钢铁厂向上海A厂订购一批设备，A厂填写合同的人，是一位“差不多先生”，他居然漏掉了一个“马”字，把马鞍山写成了“鞍山”。本应发往安徽的货物，却发往了辽宁。南辕北辙，A厂只得赔偿一切损失；

一家电扇工厂，接到外国一批订货单，不料电扇到了目的地却被退了货。厂长十分纳闷，这些电扇质检完全合格呀！国外买主回信道：“我们的抽验方式不是个别单独看，而是挑出十台电扇，把零件拆散再重新组装。你们的许多零件都差一点点儿……”就因为“差一点点儿”，厂家的损失可谓大矣；

王某也是一个“差不多先生”，他帮“同事”向朋友借钱三万元人民币。在打借条的时候，本应由“同事”亲自动手着笔，而王某却越俎代庖。借条上虽然署的是“同事”的名字，但字却是王某写的。谁知“同事”耍无赖，不承认自己借过钱，最后法院判处王某还钱，这位“差不多”的王先生这回是“哑巴吃黄连”，再苦也没法说了，只能吞下这一肚子苦水。

“差之毫厘，谬以千里”，也许只是小差错，但就像一只蝴蝶在南美扇动翅膀也足以掀起巨大的龙卷风，小错误不加改正往往会演变成大错误，所以，办事一定要认认真真，不能马马虎虎，不能敷衍塞责。否则，那些看起来“差不多”的事，结果就会“差很多”，误事害人。

职场中，“差不多先生”随处可见，当老板要求员工做到更好时，总是能听到这样的抱怨：“差不多就行了，何必那么较真呢！”在他们眼里，差不多就是自己的工作准则。他们认为天下没有十全十美的事，因此就不必抱着追求完美的心态去做事，所以，在一开始的工作中，他们就将自己的质量定位在了“差不多”的标准上。于是，最后的结果离“差不多”还差得很多。

马力是一家五金精密制造工厂的装模工。他做事很“勤快”，但就是因为他过分注重“勤快”里的“快”字，他的工作出了很多小问题。

有一次，厂里引进了法国设备，由马力和另外一个工友安装调试。法国工程师在设备安装调试验收时，发现有一个螺丝歪了，但是它的紧固度没有问题。马力却认为这没有什么大不了的，所有六角螺丝的紧固度不可能都一丝不差，差不多就行了。法国工程师却坚持说：“不，这完全可以避免。六角螺丝歪了，是因为在拧这个螺丝的时候，没有按规范标准进行操作。”后来的调查发现是马力的问题。按照技术操作标准要求，上这些大螺丝需要两个人共同完成，一个人固定扳手，另一个人拧螺丝。马力操作时却是工友在上螺丝，他在一旁催促：“快点，差不多就行了！”

不久前,老经理离职了,新任经理问马力那一套模具调试得怎么样,马力随口回答:“差不多调试好了。”新任经理简单地点点头:“你先出去吧。”

就在第二天,马力莫名其妙地接到辞退通知书。原因是“公司不用‘差不多’先生”。

马力很纳闷,自己在厂里做了这么久,没有功劳也有苦劳啊,怎么说辞退就辞退啊。于是他去了一趟经理办公室,经理跟他讲:“我们是五金精密制造厂,‘差不多’其实是‘差很多’,仅仅因为差那么一点,就会使我们工作中的很多努力化为乌有。”

有些人觉得工作是为公司做的,自己没有必要浪费过多的精力,只要做到“差不多”就行了。其实,这样的行为不仅损害了公司的利益,自己的职场之路也会受到极大的影响。

“差不多”是很多员工都有的一种不好的习惯,总是认为差一点点没关系,这种心态是绝对要不得的,我们每个人、每个企业,都要努力避免陷入到这个误区当中去。无论做什么事情,一定要多问自己几次:“真的可以‘差不多’吗?”

事事只求“差不多”,最终的结果必然“差很多”,失之毫厘,往往是谬之千里。只有“认真”是与“马虎”和“差不多”格格不入的宿敌,只有“认真”高举着反对“马虎”和“差不多”的大旗,当然也只有“认真”才是“马虎”和“差不多”必败无疑的克星。所以,不管做什么工作都要认认真真,全力克服粗枝大叶、马虎大意的坏习惯,尽快抛弃“马虎”和“差不多”的做法,养成认认真真、关注细节的好习惯,养成严格要求自己、做事到位的习惯,每一个步骤、每一个环节、每一个细节都做到精益求精,每一件工作、每一个岗位都追求尽善尽美,这样才能把工作做得“分毫不差”而不是“差很多”。

不要再说“差不多”了,工作没有“差不多”。当我们不再口口声声说“差不多”时,当我们习惯将工作做到更好时,我们会发现:我们从工作中学到了更多的知识、积累了更多的经验,我们在全身心投入的过程中找到了快乐,并得到了相应的回报。只有抱着全力以赴的心态,只有秉持着追求完美的理念,我们才能做出不凡的成绩,我们才能取得卓越的成就,我们才能得到想要的成功。

第九章

办事拖拉，行动迟缓
——行动拖拉只会把成功的机会拱手让给别人

凡事有其时，选对了时机，不仅可以趋吉避凶，更可以达到事半功倍的效果；选错了时机，原本是好事也会被拖成坏事情。抓住时机的人和错过时机的人转眼之间就出现了截然不同的人生。只有抓住机会，占得先机，成功才会属于你。而拖拖拉拉、办事迟缓的人，只会任机会悄悄远离，把成功拱手送人。

1. 今日事今日毕，不为明天添负担

有一些员工办事拖沓，行动迟缓，不管多么十万火急的事情，一到他们这里，就变得不紧不慢，慢慢吞吞了。拖延似乎成了一种职场通病，在“拖延”一族的眼里，时间总是有的，任务总是不着急的，他们把今天的事拖到明天、后天，甚至明年、后年，根本不管老板焦急的心情，反而认为这是理所当然的事。于是，他们的办公桌上堆满了文件、计划书，老板三番五次地催促，他们总有各种理由“说服”老板让自己继续“拖延”下去。他们的理由无非是：时间早，事情小，老板提前没催促，别人也没完成，任务难等。当别人争先恐后地赶工作、加班时，他们总会嘲笑别人的傻气，因为他们脑子里总有一个声音：“急什么，反正还没到最后的时间。”于是，他们就慢慢悠悠地、不慌不忙地接着“晃悠”起来。但是他们总是有大量的时间去做各种与工作无关的事，比如与人聊天、玩电子游戏等。这种人在职场绝不是少数。

调查发现几乎有近20%的人犯习惯性的拖拉的毛病，把那些立刻应做的事情拖拉下去，35%的人因为拖拉而使身体情况恶化，更有40%的人因为拖拉而遭受经济损失，另外世界上有93%的人因为拖延和懒惰的习惯最后一事无成。

在百度中搜索拖延症，能搜到大约57.9万个结果；在新浪微博里搜索拖延症，有168015条微博，其中名字中直接加入拖延症字样的共有44页。

在豆瓣网里，一个名字叫做“我们都是拖延症”的小组，已经有48455位“拖延症患者”参加。小组的新人报到帖下已经有12页回帖。

可见有这种拖延症的人还真是不少。一日有一日的理想和决断，一天有一天的安排和计划。昨日有昨日的事，今日有今日的事，明日有明日的事。而一旦养成拖延的习惯，只会把今天的事拖到明天，明天的事拖到后天，工作越来越多，感觉越来越累，工作越多越做不完，越往后拖，感觉越累越不想做，最后干脆什么也做不了了，成功还会缠着你才怪。

拖延只会限制你成功的进度，有太多太多的人为进度迟滞编造借口，但生活的赢家并没有时间苦思辩解，因为他们总是忙于采取行动以及完成工作。

小柱大学毕业已经好几年了，在北京干过很多工作，就是没有一个待的时间超过5个月的，原因是小柱自小养成一个拖拉的坏习惯，干什么事都是今天推明天，明天推后天，推来推去什么事也没个成。就拿当初考大学来说，要不是他妈妈天天逼着学习，至今恐怕还在复习呢！就因为这个毛病，小柱求职过的很多公司都辞退了他，谁也不愿和一个“三天打鱼，两天晒网”办事拖拖拉拉的人共事。

不久，小柱又去一家公司求职，这家公司也觉得小柱有市场策划的才能，决定录用他。巧的是这家公司也像上家公司录用他时一样，让他用半个月的时间搞个市场策划。这次小柱吸取了上次的教训，决心改掉自己办事拖延的坏毛病，他安排用一周时间搞市场调查，用5天时间写出规划，3天时间进行修改。这样，用15天就能完成工作任务。开始几天小柱不辞辛苦地奔波于各大市场进行调查，可没坚持几天，拖延的老毛病又犯了。10天过去了，材料还没动笔写，一天经理要看他写的市场策划材料，他推脱还不到交稿时间，经理见到交稿时间只有3天了，还没出成稿，嫌他办事拖延，对工作极不认真，就对他说：“你也不用写了，从明天起你就不用来上班了。”这个公司又因为小柱办事拖延把他给解雇了。

爱默生曾说："紧驱他的四轮车到别的星球上去的人，倒比在泥泞的道上追踪蜗牛行迹的人更容易达到他的目标！"当你准备把今天的事情放到明天去做时，你应该想想到底有多少明天在等着你？到底有多少机会在等着你？今天的太阳明天还会升起吗？

明日复明日，明日何其多，在时间的河流中，我们永远不要放纵自己、将人生之船搁浅，因为时间不会等着你的下一步行动，你一旦停下来，踏上的就只能是毁灭的开端。

所以，每一位渴望成功的人，都应当养成日事日清、今日事今日毕的好习惯。最好制订自己每日的工作时间进度表，记下事情，定下期限，每天都有目标，每天都有结果，日事日清，才能日清日新。海尔公司的"日日清"目标管理法是日事日清的一个典型代表。

海尔在实践中建立起一个每人、每天对自己所从事的工作进行清理、检查的"日日清"控制系统。案头文件，急办的、缓办的，一般性材料摆放，都是有条有理、井然有序；临下班的时候，椅子都放得整整齐齐的。

"日日清"系统包括两个方面：一是"日事日毕"，即对当天发生的各种问题(异常现象)，在当天弄清原因，分清责任，及时采取措施进行处理，防止问题积累，保证目标得以实现；二是"日清日高"，即对工作中的薄弱环节不断改善、不断提高，要求职工"坚持每天提高1%"，70天工作水平提高一倍。

对海尔的客服人员来说，客户对任何员工提出的任何要求，无论是大事，还是"鸡毛蒜皮"的小事，工作责任人必须在客户提出的当天给予答复，与客户就工作细节进行协商。然后毫不走样地按照协商的具体要求办理，办好后必须及时反馈给客户。如果遇到客户抱怨、投诉时，需要在第一时间加以解决，自己不能解决时要及时汇报。

日事日清告诉我们，做事要迅速，不要拖拖拉拉。拖延是个坏习惯，鞭策自己做事要迅速，当天的事情要当天完成，否则事情越堆越多。

每一个员工都应树立起"今日事今日毕"的观念，充分重视今天的价值。工作时善于为事情设定“最后期限”，当天的事必须当天完成，绝不留到明天，不为明天添负担，用时间给自己施加压力，制定自己每日的工作时间进度表，记下事情，定下期限，每天都有目标，每天都有结果，养成日事日清的好习惯，才有日事日新的好结果。

2. 行动迅速才能抓住机遇

优秀的员工做任何工作都不会拖延，因为他们能够主动意识到：拖延是成功最大的敌人。很多事要的就是速度，要的就是快，要的就是行动迅速，如果不能快速出击，很多机遇就会稍纵即逝。所以，在工作的过程中，员工一定要改掉拖拉的坏习惯，立即行动，才能抓住成功的机遇，让自己出人头地。

1996 年圣诞节前夕，美国曼尔登公司的一位业务员从芝加哥去旧金山进行市场调查。在火车上，一位身穿圣诞节礼服的女郎格外引人注目。同车的少女甚至中老年妇女都目不转睛地望着她那套礼服，有的还特地跑过去打听这礼服是从哪里买来的。那位业务员看在眼里，记在心里，他预感到有一笔大生意可做了。他想，在一节车厢里就有那么多妇女喜欢那位女郎的金装圣诞节礼服，推而广之，整个美国该是多么庞大的市场！

但是，当时已是 12 月 18 日，离圣诞节仅一个星期，此刻，时间变得如此重要，转瞬即逝。然而机不可失，失不再来，于是，他非常礼貌地向那个女郎提出拍张照片作为留念的请求。没想到，那位女郎欣然应允。拍完照片以后，那位业务员在最近的车站便跳下火车，向公司发出传真电报，要求公司务必在 12 月 23

日前向市场推出一万套这种服装。曼尔登公司的总裁接到传真电报后，立即召集公司的设计师，按传真过来的服装照片式样进行设计。当晚23点35分，向所属的服装加工厂下达投料生产指令，争分夺秒，日夜加班，生产出一万套“圣诞节金装女郎礼服”。

12月22日下午2点30分，当一万套“圣诞节金装女郎礼服”同时出现在曼尔登公司的27个铺面时，立即引起妇女们的强烈兴趣。她们争先恐后地购买。到12月25日下午3点，一万套“金装女郎礼服”除一套赠给火车上那位女郎，两套留作公司保存的样品外，其余全部销售一空，公司净赚180万美元。

这位业务员也理所当然地得到了自己的丰厚回报。

兵贵神速，商更贵神速！时间就是金钱，抢到时间，就等于赚到了大钱。试想，如果这位业务员不好好把握时间，而是等着回公司以后再和领导或是总裁商量好之后再来做这件衣服，那时候，圣诞节已经过了，还会有谁抢着要买这样的衣服呢？只能等下一年圣诞节了，但是下一年圣诞节，又不知会有什么样的新鲜的服装会面世，这样的服装会不会受到欢迎还未可知，又岂赶得上现在就迅速出手，赢得成功的机遇呢？

只有珍惜时间、会用时间、立即行动，快速出手，才能赢得高效益。拖拖拉拉只会把机会拱手送给别人。

据报载，黑龙江某制药集团得知国家将规定禁用含PPA的感冒药后，认定这是个抢占不含PPA感冒药市场的好机遇。他们以最快的速度组织生产以中药材板蓝根为主要原料、疗效好、价格低、不含PPA的感冒药，投入市场后，一炮打响，订单纷至沓来。仅此一招，就为这个规模并不大的企业创造了可观的经济效益。

无独有偶，2003年，安徽某药材公司从报上看到一条消息：冰雪节期间，韩国几位药商将到哈尔滨观赏冰雪景观，并考察药材市场。该公司立即作出判断，认定这是个商机。于是，他们当即乘飞机飞往哈尔滨，在有关部门的帮助下，与韩国药商接触、洽谈中药材生意。等国内一些药商反应过来时,该公司已与外商签订了1500吨桔梗的供货合同,并收到10亿美元订金。

真可谓千金得失,只在瞬息之间。市场风云变化莫测,它的任何变动都意味着市场份额的重新分配,都左右着一个人甚至一个企业的前途和命运。

因此,每一个员工面对任何工作时,都要特别注意及时、准确地捕捉市场上那些稍纵即逝的商机,动作要快,棋争一着先,千万不能犹豫不决,拖拖拉拉。优柔寡断和行动迟缓只会贻误商机,失去机会,也就失去了成功的可能。

所以,别再拖拖拉拉、犹豫不决了,改掉这个阻碍成功的坏习惯吧,快速行动起来。在你迈向成功之时,你遭遇到的最大障碍就是拖延。一旦跨越了这个障碍,你就能继续行动,就能每天完成一些事情了。了解市场的动向只不过是个开端,为了能达到目标并过上梦想的生活,你必须马上行动!只要行动起来,你才可以达到最终目标。

3. 保障效率才能保障工作

现代企业的终极目标是实现效益最大化,因而效率第一,也就成为现代企业管理的最重要的目的。对于员工而言,效率第一也是最为重要的工作原则。如果工作没有效率,即便你多么勤奋、多么努力,也不会取得卓越的成绩,不可能得到老板的欣赏,甚至连工作都会失去。

一家公司安排了两个大学刚毕业的女孩小李和小孙两个月实习期,到时候留在公司的可能只有一个人。因而两个女孩也都很努力。但比较起来,小李似乎更勤奋一些,基本上每天都在加班,而且经常加班到晚上九点。而小孙却很少加班,两人的工作完成得都不错。

可是,就在大家都对小李暗暗点头时,经理却宣布最后留下来的是小孙。大家都有些不解,小李更是委屈,觉得自己不管哪方面都不比小孙差,而且比她更勤奋,加班更多,为什么公司留下她却不留下自己呢?

经理的一番话让小李和大家都无话可说了。经理说:"是的,小李更勤奋一些。可是正因为她更勤奋,所以我才选择淘汰她的。因为我给她们两人布置的任务是差不多的,小孙每天都能按时完成,而小李却总需要加班才能完成。这只能证明她的能力和效率都比不上小孙。我为公司选人,当然要选一个有能力而且办事高效的人才才行啊!"

小孙转正了,工资翻了一番,而小李却还要继续去人才市场找工作。

努力地干、辛苦地干、勤奋地干,一定要干出效率,才能得到认可。同样的一件事,你三天才勉强干完,还不分白天黑夜地加班,可别人一天就完成得漂漂亮亮,你说老板会认可谁呢?

虽然许多企业和老板都不排斥加班,但也不主张盲目的、无效率、无意义的加班。如果别人的工作都能在上班时间内就全部完成,而你总需要加班,那只能证明你能力不行,你效率低下,你做事没有成绩。那不仅你的工资不会增加,你的工作也会不保了。

那些只知道每天不停地忙,不停地做,从来没有检查一下自己做的是否有用,是否达到了目的的员工,注定难以有好的发展。因为公司所需要的不仅是有好的工作态度的员工,更需要有好的方法、能取得最高效率的全能员工。一味地向前奔跑却不知道自己到底要去向何方的人,终究会迷失在自己的跑道里,他们获得的除了一身疲惫,什么也没有,甚至最后连工作也失去了。

其实很多时候,使我们感到疲惫不堪的,往往不是繁重的工作量,而是因为没有养成良好的工作习惯,没有忙出效率,特别是办事拖拉,会大大降低我们的工作效率和质量。如果能从这些方面着手，检查、修正自己的工作习惯，并在工作中更好地实践良好的习惯，对于提高工作效率，是相当重要的。

很多员工做事拖沓，总认为："为了工作，我不怕苦不怕累，白天做不完，我可以晚上加班做。"就是这种思想使本来8小时可以做完的事情，被拖延到12小时才完成。两天可以做完的事，被拖延到三天才能完成。这样的员工，只会让老板觉得你办事不力，别人一天做完的事你要两天才做完，那老板为什么不找一个人能当两个人来用的员工呢？即便多开工资那也是划算的。那做事拖拉的员工，当然就会失去工作了。

成功的人并不是因为他每天做了多少大事情，而是专心地做好手头上的每一件小事。小的事情，小的时间，日积月累，终成大器。所以，勤奋、辛苦、努力，都是不错的，这是工作态度优秀的表现，但忙要忙在点子上，因为忙在点子上才有效率，才是聪明的表现、能力的体现，才有价值，才有效益，也才能让自己有收益。李卫东的亲身经历就是一个很好的范例。

李卫东，1964年出生在山东省青岛市，父母都是普通工人。中学毕业后，他本人也成了青岛橡胶制品三厂的一名技工。然而，1998年春，他被列进单位首批下岗人员！

没有了工作的李卫东一月数着230元的下岗补贴开始变得烦躁起来。那时，孩子刚出生不久，妻子原本开了一个小小的服装加工店，可怀孕后她就把店转让了出去，现在已经没有任何收入。他母亲早已退休，因此时年58岁、尚在工作的老父亲又一次成了家里唯一的依靠。

对此窘境，年轻的李卫东又羞又愧，决定"干点自己的事儿"。在亲友的帮助下，他筹到了10万元启动资金，然后又设法拉来了十几万元投资。李卫东决定干自己熟悉的橡胶行业：生产汽车内胎。1998年5月，李卫东的橡胶厂终于投产了。

然而，事与愿违。1999年2月，李卫东的橡胶厂不得不很快关门。因为，一种新问世的高科技轮胎——子午线轮胎给了他的橡胶厂一个"致命"的打击——这种新式轮胎不需要安装

"内胎"！对此新变化，连生产内胎的大型橡胶厂都抵挡不了，何况李卫东那只有几十人的小厂？科技的进步是无法抵抗的，李卫东输得心服口服，并因此欠下巨额债务。在一次考察市场时，李卫东发现，爆爆米花就是他一直在寻找的合适的好项目！当时，用高压锅爆爆米花的新技术刚刚从南方传到青岛，还是街头巷尾的稀罕货。与传统技术相比，新技术省时、省力、环保和卫生，爆出的爆米花口感柔软、香脆，色泽洁白、鲜亮，很受欢迎。另外，与传统的用高压炉爆爆米花的技术相比，成本也降低了，不再用煤块，改用液化气，运输和使用起来也比较方便。最重要的是，追加的投资不会超过100元！

投资少，竞争小，收益高，风险低，是否可行几天内就可以轻松地下结论。如若不可行，"撤退"时也不会赔得心痛……想到这里，李卫东心动了。李卫东很快就把"心动"转化为"行动"。后来，李卫东又突发奇想，立志要开一家"爆米花专营店"。亲友们都说他疯了，这小玩意儿露天摆摊卖事实证明养家没问题，可是开店搞"专卖"，能赚出房租来吗？2000年6月，李卫东执意以月租3000元的价格租下了青岛市延安路142号的一个店面。不久，李卫东找人给爆米花重新起了名字——"帅香"牌爆米花！

最好的广告莫过于顾客的口碑。经附近那所中学的学生和在此候车的乘客当作新鲜事一宣传，"帅香"牌爆米花立刻成了"岛城名牌"，一时间，二三十人排队买爆米花的情形成为延安路一景。"做一家巩固一家，不能贪多，赚钱才是硬道理。"李卫东如是说。自1998年5月开始创业到今天，李卫东经历了大起大落，终于成为青岛市民有口皆碑的"爆米花大王"。李卫东说，自己的成功首先得益于自己创业的效率高，以最少的投资得到了最大的效益！

效率是什么？就是一种投入产出比。简单地说，就是除去成本之外，所获得的利益。一个企业只有有效率，才能生存和发展；一个员工只有有效率，才能保住工作的机会，才能有更大的发展。

所以要讲究工作方法，追求工作效率，能干还要会干，实干更要巧干，井井有条地干,轻松高效地干,才能真正把工作干好,才能让自己赢得成功。

4. 把握现在,不让明天的后悔到来

拖拖拉拉实在是一种不好的习惯,有这样的习惯的员工,一定要改掉,否则,除了每天都生活在后悔中,你什么也不会得到。

有一个这样的寓言故事。

在一个小山村有两个和尚,一个贫穷,一个富裕。他们祖祖辈辈生活在这里,从来没有出去过,因此,这两人渴望到外面的世界去看看,他们选择了遥远的南海。

穷和尚对富和尚说:“我想到南海去。”

富和尚说:“我也想去,请问你凭借什么去呢?”

穷和尚说:“我有一个水瓶、一个饭钵就足够了。”

富和尚说:“只有这些就够了吗? 多年来我就想租条船沿着江河而下,可是到现在还没做到,你凭什么去?!”

穷和尚什么也没说,不久就出发上路了。

第二年,穷和尚从南海归来,把去过南海的事告诉富和尚。富和尚此时什么也说不上来,惭愧无比,后悔不已。

任何伟大的理想,如果不迅速行动,一直拖延,那就永远不会实现,除了让自己惭愧、后悔,还有什么呢? 所以,不管什么事情,一定要尽快去做,把握住机会,今天的事情决不拖到明天,而是立即行动,马上去做,才有成功的可能。

其实，只要我们愿意去做，许多事并不像我们想象的那样困难，只要去做，任何问题都会有解决的方法，任何事情都可以完成，任何梦想都可以实现。就像那个“一瓶一钵足矣”的和尚一样，大胆地去做，不必担心太多，不必前怕狼后怕虎，一切问题都会解决，一切梦想也都会实现了。如果一味地拖，一味地给自己找借口，慢慢吞吞地做准备，终其一生，也许还在准备，什么也干不了——除了后悔。

在一个成功学讲座上，主持讲座的教授对学员说：“想要赚钱的人请举手！”

学员们都举起了手。

教授又说：“想让自己成为顶尖级人物的请举手！”

学员们也都举起了手。

教授接着又问：“目前已做到的请举手！”

这回大部分人不再举手了。

教授笑了笑，问大家说：“你们想成功想了多久？”

学员们齐声说：“想了一辈子！”

“为什么还没有达到呢？”

有人回答说：“我们还没有开始行动。”

“这就是你们没有成功的原因。”教授说，“你们都有成功的想法，但你们不去行动，不去做，那怎么有可能成功呢？”

“马上去做吧，今天就开始，不然，就只有明天的后悔了。”教授开玩笑地说。

但有学员马上回答：“我已经在后悔了。”

再好的创意，再好的想法，若没有付诸行动，就看不到成果，便毫无价值可言。纸上谈兵是没有用的，有了好的想法后，立即行动才是最重要的。任何问题和困难一旦发生，要立刻解决！任何想法和点子一旦成熟，就迅速去做，绝不拖延——与其在思想中等待，不如在行动中成功！

所以，把握今天，把握机会，不再拖延，迅速行动，就是成功的重要秘诀。

卡耐基先生青年时期曾经做了一首“今日歌”，时常贴在自己盥洗室里镜子的旁边，激励自己尽可能完成当天的工作。

就在今天，我要开始做这件事！
就在今天，我要完成这件事！
就在今天，我要克服掉自己的某个缺点！
就在今天，我要让自己的身心健康！
就在今天，我要让人喜欢！
就在今天，我要给别人带来幸福！
就在今天，我要成功！
就在今天，我要活得很精彩！
我只有今天！

昨天已逝，明日未临，其实我们能抓住的、能把握的，不过就是今天，就是现在。所以，今天的事一定要在今天做完，改掉拖拉的坏习惯，让日事日清、立即行动的好习惯陪伴我们，我们才不会在明天后悔，我们才能离成功更近。

第十章

不善沟通，不懂合作
——团队时代不懂合作就会被成功抛弃

尺有所短，寸有所长，每一个人都有每一个人的长和短。只有携手合作，互补长短，才能达到完美的境界。所以，合作比竞争更重要。现代社会是一充满竞争的社会，但同时也是一个更加需要合作的社会。作为一个现代人，只有学会与别人合作，才能取得更大的成功。不懂得合作的“独行侠”，不善于沟通的“默语者”，在这样一个高度合作又激烈竞争的时代，是不可能成功的。

1. 团队时代,合作才是主旋律

俗话说“兄弟一心,齐力断金”。一个人的力量太小,只有相互合作,才能拥抱成功,特别是在当今这样一个团队时代,合作更是时代的主旋律。不论是政治、经济、社会,还是企业、组织及员工之间,无一不需要合作,无处不体现合作。因为合作才能成功,合作才能胜利。

一人之力是站在海岸遥望海中已经看得见桅杆尖头了的一只航船,需要风浪的推动;一人之力是立于高山之巅远看东方已经光芒四射喷薄欲出的一轮朝日,需要朝霞的映衬;一人之力是躁动于母腹中的快要出生了的婴儿,需要母体的滋养。任何事物、任何人都不可能是孤立的,都需要别人的帮助和支持;任何成功其实都是合作的成果。

丹麦天文学家第谷用30年时间精密观察行星的位置,积累了大量精确可靠的资料,但不善于理论思维和科学整理,未能有重大发现。临终前第谷将资料交给助手开普勒,并告诫他按这些资料编制星表。第谷的精确观察和开普勒的深刻研究相结合,终于引出行星运动三大定律的发现,揭开了天体运动的秘密。

没有合作,哪来行星运动三大定律?

1935年遵义会议前,受左倾机会主义的影响,红军的处境非常艰难,被迫长征。红军在长征途中召开了遵义会议,在周恩来、张闻天和王稼祥的坚持下,确立了毛泽东在全党全军的领导地位,新的党中央在毛泽东的领导下,实事求是、团结一致、精诚合作，红军的胜仗是一个接着一个。从此，中国共产党的理想航船，跨越过了最为狭窄的航道，驶向光明大道。

没有合作，哪来历史性转折？

公元前318年，楚、赵、魏、韩、燕五国组成联军抗击秦国的侵略，但是，由于人心不齐，各国只想自己的眼前利益，不能很好地合作，导致失败。若各国在当时精诚合作，集中各国的兵力、物力和财力，是一定能够打败秦国的。

没有合作，也就没有成功可言。

所以说，拥有合作，才能拥抱成功；没有合作，就不可能有成功！合作是通向成功的指向标，合作是铺向成功的基石，合作是开往成功的列车。

无论一个多么优秀的人，无论一个多么才华横溢的人，如果少了别人的帮助，他同样不能获得成功。只有那些善于合作的人，那些乐于合作的人，才能成为真正的成功者。

杨致远上中学时学习不算勤奋，甚至有点懒散，但成绩却相当优秀。1990年他以优异的成绩考进了离家不远的斯坦福大学，只花了4年就取得了学士、硕士学位。毕业时觉得自己还欠成熟，就留校从事研究工作。正好，大卫·费罗也留校从事研究工作。两人的邂逅和结交无疑成为雅虎成功的关键。

杨致远和费罗其实是旧识。费罗1988年毕业于杜兰大学，而且曾当过杨致远的助教。一向全拿“A”的杨致远在费罗的判官笔下却只得了“B”。对此，杨致远至今还发牢骚。后来两人同班听课，还在作业方面开展合作。以此为起点，两人成了最佳搭档。费罗内秀，善于在屏幕上整理资料，有一种“只要在终端前，就能统治全世界”的感觉；而杨致远活跃，是社团中的领袖，他们的性格能力形成了完美的互补。不久，他俩同去了日本。在那里两人都成了外国人，友谊与日俱增。

回到斯坦福，两人在一辆学校的拖车上成立了一间小型办公室。两人都想建立自己喜欢的网站名单。后又决定集合起来，形成了“致远万维网导航”。不久，网站招徕了许多用户。人们纷纷反馈信息，还附上建设性意见，使内容更加完善。“要不是有这么多外来的回应，我们就不会继续下去，更不会有今天的雅虎”。对此，杨致远这样说道。

当时，网站有许多竞争者，但他们都靠软件自动搜索。虽范围广泛，但不准确。而雅虎则搜索准确，更加实用。实际上到1994年底，雅虎已成为搜索引擎的领导者。

1995年上半年，两人与好几家风险投资公司接触。此时，他们的网站已是世界上访问率最高的网站。最后是美洲杉公司慧眼识英雄。这家公司曾投资过许多国际知名的大公司，如今他们又决定投资雅虎。

1995年4月，在美洲杉的资助下，他们成立了自己的公司，资产约400万美元。

合作的作用是巨大的。人们做事情不能像一盘散沙，而要把大家的力气往一处使，这是成大事者的合力之道，这也是赢家手中的秘密武器。建立了人脉，还要把人脉中每个人的力气往一处使，实在是高明。不懂得使用合力的人，是不可能取得成功的。

2. “独行侠”终会孤掌难鸣

逞个人威风、争强好胜是很多年轻员工的通病。许多初入职场的员工认为，刚工作时一定要突出自己的能力，只有这样才能坐稳自己的位置。因此，在工作中，为了显示自己与众不同，他们往往不顾实际情况，也不考虑其他员工的想法，只工作不合作，宁肯一头扎进自己的专业之中，也不愿与同事有密切的交流。埋头做好自己的工作、“扫好门前雪”是没错的，但如果只局限于自己的门前，而忘掉团队精神，那是不行的。优秀的员工除了做好本职工作以外，还应多想想团队中的其他成员，不能"各人只扫门前雪"。要知道，协作才能取得成功，彼此各自为政终不会成就任何事业。只有合作，才是时代的主旋律，只有合作，才是成功的要诀。

事实上，一个人的工作能力不管有多强，如果没有其他同事的配合，很多事情是不能完成的。

在鸟类的世界中，有一种秃尾鸟，由于它的脑袋大，尾巴秃，很难保持平衡。如果单独一只去河边低头饮水，就会一头栽进河里。所以，这种鸟去河边饮水都是结伴而行，一只鸟饮水时，另一只鸟在旁边衔住它的羽毛，大家互相帮助，这样，每一只鸟都能安全饮到水。

秃尾鸟的故事告诉我们同样一条人生哲理：一个人踢不赢足球。不懂得合作是非常危险，甚至可以说是非常致命的缺点。最先被狼吃掉的总是那些离群的羊，而最先饿死的总是那些孤独的狼。在合作时代，"独行侠"早已经注定难以获胜。

西楚霸王项羽"力拔山兮气盖世"，举义旗，灭强秦，一时间打遍天下无敌手，然而，他太相信个人的力量，忽视了与人合作的重要性，到头来落得个兵败自杀的结局。

故事虽老，寓意却万古常新：尺有所短，寸有所长，不懂得合作不仅没有机会双赢，连出路都没有。在这个世界上，一个人是走不多远的，真正意义上的"独行侠"只在小说和戏剧中存在。而在现实中不管你本领多高，运气多旺，不懂得合作，就会被这个世界淘汰出局。

有人曾做过这么一个实验：把七八只黄蜂同时关进一个密封的小木箱里，几天以后打开木箱，发现木箱的四壁多出了七八个小洞，每个洞里各有一只死去的黄蜂。而这些小洞，最浅的也已超过了木板厚度的一半。可是，却因为它们各自为战，不懂得

团结合作，虽然每一只黄蜂都将木板钻透了一半，可没有哪一只黄蜂能从这只木箱中逃出去。

"独行侠"注定没有前途，注定失败。还有这样一个寓言故事，或许会给我们更多的启发：

一只蚂蚁和一只蚂蚱在外面旅行。一天，它们想去一座风光迷人的避暑山庄里参观，可由于身上的盘缠不够了，它们无法进入这座山庄里游玩。于是，它们就找到了这座山庄的经理，问能不能让它们作一次免费的旅游。山庄的经理说，免费旅游可以，但你们必须分别在太阳下山之前帮我将山庄前的两堆垃圾清理完毕，我才能让你们在避暑山庄里畅游一次。

蚂蚁听后，就立即和蚂蚱商量。蚂蚁说："这两堆垃圾那么多，要在太阳下山之前清理完毕，咱们得向当地的伙伴求助才行。"蚂蚱说："我从来不爱去向别人求助，因为我总觉得，其他的伙伴都不如我的能力强，我看还是由我一个人来搬吧。"

然而，蚂蚁却不这么认为，为了能在太阳下山之前进入这座山庄旅游，于是它就向当地的蚁群发出了求助的信号。仅一会儿工夫就引来了成千上万只蚂蚁，没多久，就将所有的垃圾清理完毕了。这只蚂蚁高高兴兴地走进了这座避暑山庄。再看那只蚂蚱，虽然穷尽了毕生之力，可仍然没有赶在太阳下山之前将那堆垃圾清理完毕，从而也失去了免费旅游的机会。

独行侠本领再强，也比不过团队的力量；没有别人的帮助，不习惯与别人合作，甚至自大自狂，自以为是，独来独往，成功绝无可能。

作为一个现代企业的员工，更是如此。人是社会的人，工作更是一个需要大家同心协力来做的事。那种"个人主义"思想旺盛的"独行侠"式的员工，难以有所成就。这一点，可能有很多员工感受颇深，因为我们所处的时代已经是一个合作的时代，一个团队的时代，"独行侠"注定没有市场，注定孤掌难鸣。

有一位能力很强的员工，在一次与客户的谈判中表现突出，为公司创造了良好的效益，并受到总经理的高度赞扬。这次谈判使他感觉自己能力超群，总经理的赞扬使他觉得自己非同一般。在日常工作中，他开始不和同事们交往、沟通，一副自高自大、目中无人的样子，在公司里独来独往。

这位员工的态度使得同事们渐渐疏远了他，谁都不愿意与他合作。于是，他成了被孤立的人，在许多事情上都陷入极其尴尬的境地。后来，由于他判断失误给公司造成了巨大的损失，同事们的讥笑、总经理的恼怒，使他无法再继续待下去，他很不体面地自行辞职离开了公司。

在公司里，有些员工不愿也不懂得与其他同事合作。由于他们没有合作意识，他们在工作中一切以"我"为中心，听不进老板的指挥和同事善意的建议，当其他同事遇到工作上的困难时，他们也不愿意伸出援助之手。这种行为是错误的，这样做，只会把自己推到同事们的对立面，使自己成为"孤家寡人"。他们注定难以有所成就，注定与成功无缘。

一滴水只有融入大海，才不会干涸；一个员工，只有充分地融入到企业当中，他才能充分发挥自己的才干，实现自己的价值。任何时候，任何企业都不会欢迎一个罗宾汉式的"独行侠"，因为他过于炫耀个体的力量，而忽略了整体，这种做事方式无异于螳臂当车、不自量力。一个人的力量是有限的，做事要懂得借力，懂得合作，联合他人的力量，才能创造出更大的价值。所以，如果你还在当"独行侠"，还没有合作的习惯，你还不懂得合作的重要，你还不能很好地与同事、与客户、与伙伴、与老板开展合作，那就赶快改掉这样的坏习惯吧，任何时候都要记住，合作才能成功！

3.

没有全能的个人，只有完美的团队

如果只强调个人的力量，你表现得再完美，也很难创造最高的价值，没有全能的个人，只有完美的团队。任何人，不论他多么有能力，多么有背景，多么完美，他也无论如何比不上一个团队的力量。三个臭皮匠还能顶个诸葛亮，八个壮汉，也能顶得上关羽。非洲大草原上狮子称雄，但再威风的狮王也抵不过一群小猎狗的围攻。个体永远及不上团队，即便是无所不能的超人，如果没有别人的帮助，那也不可能常胜不败。而那些懂得合作，善于取长补短、利用合力的人，才是真正战无不胜的"常胜将军"。

小猴和小鹿在河边散步，看到河对岸有一棵结满果实的桃树。

小猴说："我先看到桃树的，应该归我。"说着就要过河，但小猴个矮，走到河中间，被水冲到下游的礁石上去了。小鹿说："是我先看到的，应该归我。"说着就过河去了。小鹿到了桃树下，不会爬树，怎么也够不着桃子，只得回来了。

这时身边的柳树对小鹿和小猴说："你们要改掉自私的坏毛病，团结起来才能吃到桃子。"

于是，小鹿帮助小猴过了河，来到桃树下。小猴爬上桃树，摘了许多桃子，自己一半，分给小鹿一半。他俩吃得饱饱的，高高兴兴地回家了。

小猴与小鹿，就其个体而言，尽管都有自己的特长，但如果"单枪匹马"是摘不到桃子的。然而，一旦他们组成了一个相互协作的团队，就出现了取长补短的奇迹——轻而易举地摘到了桃子。

这就是合作的威力。个体再强大，也终归是有弱点的，但是如果大家相互合作,取长补短,马上就会有意想不到的效果。

从前有一个村庄突然燃起大火,人们纷纷逃到村外,只剩下一个可怜的盲人和一个瘫痪病人。盲人看不见哪里有火,哪里没火,不知道该向哪个方向迈步。瘫痪病人干瞪着两眼着急,火就要烧到自己身边了,却无法挪动一步。后来,他们想出一个办法,盲人背起瘫痪病人,借助瘫痪病人的双眼看路,瘫痪病人借助盲人的双腿跑路,他们就这样双双逃出了火海。

彼此协作,是生存的根本,是现代职场的天条。无论是对于个人还是团队,忽视协作精神,都无异于自断筋脉。

亚里士多德说过这样一段话:“你有一个苹果,我也有一个苹果,交换以后每个人还是一个苹果。你有一种思想,我也有一种思想,两种思想交换以后不再是一种思想了,每个人就有了两种思想。”合作就是取长补短,就是互助互帮,就是形成合力,就是使力量更强,使竞争力更大。

保罗·盖蒂曾经说过:“我宁要一百个人的1%,不要一个人的100%。”因为他知道,一个人的100%永远比不上100个人的1%,100个人的1%远远比一个巨人的100%更强大,更可怕,更具有无所不能的力量。

有人曾看到过这样的一个奇迹:在南方的一个小院子里,因江水冲开了江堤,小院子成了一片汪洋。清晨,当受灾的人们站在堤坝上无奈地凝望着水中的家园时,忽然有人惊呼:“看,那是什么?”只见一个黑球,正顺着波浪漂过来,一沉一浮,像是一个人!有人“嗖”地跳下水去,很快就靠近了黑球,但见他只停了一下,就掉头回游,惊呼那是一个“蚁球”。

说话间,蚁球已漂过来,越来越近。黑乎乎的蚂蚁紧紧地抱在一起。风流波涌,不断有小团蚂蚁被波浪打掉,像油漆片儿一样剥离开去,人们看得目瞪口呆。蚁球靠岸了,然后一层层分开,像打开的登陆艇,迅速而有秩序地一排排冲上了堤岸,胜利登陆。岸边的水中,仍留下不小的一团蚂蚁,那是英勇的牺牲者，它们虽然无法获得新生了，但它们的尸体，仍然紧紧地抱在一起。

一只蚂蚁的力量弱小得不堪一提，人人都会说“像捏死一只蚂蚁一样容易”，但是几万只蚂蚁抱在一起，即便是能毁灭一切的洪水也不能打败它们，这就是合作的力量！

没有合作精神的企业不可能成功，没有团队意识的员工也不可能受到企业的欢迎。因为企业比个人更明白个人能力的有限和团队力量的强大。

一个互相信任的团队，一个互相扶持的团队，一个互相依赖的团队，对于一个企业而言是关系兴衰存亡的关键因素，也是个人获得职业发展的决定因素。一根筷子轻轻被折断，十双筷子牢牢抱成团；一个巴掌拍不响，万人鼓掌声震天。从来没有全能的个人，最完美的只能是每一个人都充分合作的团队。

4. 善于沟通是团队合作的金钥匙

交流和沟通是架起人与人之间关系的桥梁，是彼此了解、帮助、鼓励的途径。如果没有交流和沟通，彼此都固守在尘封的世界中，那么谁也不能得到别人的帮助，谁也无法走进他人的世界，合作也就无从谈起。所以，良好的交流和沟通是一个人融入团队的金钥匙，也是增进团队合作的金钥匙。

其实在很多时候，团队之间协作得不好，并非是员工不愿意合作，而是沟通出了问题。没有好好沟通，致使合作的时候矛盾不断，甚至激化起来，直接影响到了团队的力量，也使合作没有成绩，并在每一个团队人员心中留下阴影。古往今来，许多的团队与集体由盛转衰，都是因为相互之间缺少信任、缺乏交流所造成的。

小张和小李到外地出差，两个人吃早餐时，看到对面正好有个报亭，很多人在买报纸。小张说：“我也去买份报纸再来吃。”但是过了几分钟，他却空手回来了。

小李很惊讶地问：“这儿的报纸这么早就卖光了吗？”

小张沮丧地摇摇脑袋，含混不清地小声骂街。

“怎么啦？”小李问。

小张说：“我走到对面那个报亭，拿了一份报纸，递给那家伙一张100元的钱。他居然不找我钱，而是从我腋下抽走了报纸。我正在纳闷，他开始教训我了，说他的生意绝不是在这个高峰时间给人换零钱的。”

小李这才明白，赶紧招呼小张先吃饭。一边吃饭，一边讨论这一插曲，小张说，卖报纸的人傲慢无理，都是“品质恶劣的家伙”，真不想待在这儿了，快办完事回家。

小李劝慰小张说，一个报摊的摊主就把他搞定了。这儿的人也不至于那么不讲理的。也许是沟通得少了，跟他说说清楚，也许他就会理解的。

小张说：“才不是这样，他就是自以为是。要不信，你拿100元去买张报试试。”

饭后，小李接受了这一挑战，让小张就在饭店门口看着，他穿过马路去买报纸。

当报亭主人转向小李时，小李满脸堆笑地说：“先生，对不起，我想买一张《京华时报》，可是我只有一张100元的钱，不知道行不行？”那个摊主毫不犹豫地把一份报纸递给小李说：“拿去吧，找开钱再来给我就是了！”

小李兴高采烈拿了“胜利品”胜利而归。小张终于相信，确实是自己没有和摊主沟通好才没有买到报纸的。

良好的沟通是相互理解、相互支持和相互合作的前提，没有良好的沟通,没有相互的尊重和理解,哪有合作可言呢?有交流才有沟通,有沟通才有理解,有理解才有合作,有合作才有成功。

因为沟通不到位而引发的分歧、冲突在职场中随处可见:老板霸道、部属不肯配合、同事恶性竞争、合作伙伴听不进建议、客户无理挑剔。然而人们却发现不了很多问题其实都是没有良好沟通的错,全却把原因归结于人的性格、人品等因素。其实,人与人之间的矛盾很多都是由于沟通不畅而引起的。第二次世界大战期间的名将道格拉斯·麦克阿瑟将军很早前就注意到了"沟通的目的不是为了增加了解,而是为了避免误解。"

在团队合作时,沟通更是达到团队默契的重要一环,一个团队如果沟通不好,不仅达不到默契,无法做到协调一致,达不到预期的效益,甚至可能造成各自为政、一盘散沙的状况,工作不仅没有成绩,还会一团糟,每个人都出了力,可最终的结果却让人垂头丧气。

小明第二天就要参加小学毕业典礼了,为了把这一美好时光留在记忆之中,他高高兴兴上街买了条裤子,可惜裤子长了两寸。

吃晚饭的时候,趁奶奶、妈妈和嫂子都在场,小明把新买的裤子长两寸的问题说了一下,饭桌上大家都没有反应。饭后大家都去忙自己的事情,这件事情就没有再被提起。

妈妈睡得比较晚,临睡前想起儿子明天要穿的裤子还长两寸,于是就悄悄地一个人把裤子剪好叠好放回原处。

半夜里,狂风大作,窗户"哐"的一声把嫂子惊醒。嫂子醒来后,突然想到小明新买的裤子长两寸,自己辈分最小,不能让老人费心,怎么得也是自己去做了,于是披衣起床将裤子处理好后才安然入睡。

老奶奶觉轻,每天早醒给小孙子做早饭上学,也想到孙子的裤子长两寸,于是趁水未开的时候又把小明的裤子剪了两寸。

结果,第二天早晨,小明只好穿着短四寸的裤子去参加毕业典礼了。

一个团队一定要进行充分的沟通,在沟通的基础上明确各自的任务和职责，然后才能分工协作，才能把大家的力量形成合力。否则的话，每一个人只管低头拉车，各走各的路，永远也不会形成团队合力，永远难以产生效益，不仅不能让工作进步，还会越来越糟。

现在，我们谈到团队建设，经常说的就是“默契”，要求团队成员之间的合作要达到默契。其实，默契是一个非常高的标准和要求，需要在有效沟通的基础上，经过长期的磨合才有可能实现。

没有交流沟通，就不可能达成共识；没有共识，就不可能协调一致，就不可有默契；没有默契，就不可能充分合作；没有充分合作，就不可能发挥团队最大的效率，就会影响到工作的进行。所以，有效沟通是团队合作的前提，建立高效团队的保障，沟通是一切成功的源泉。每一个现代企业员工都应当学会有效的沟通，才能成功地合作。

对于个体成员来说，要进行有效沟通，可以从以下几个方面着手：

一是必须知道说什么，就是要明确沟通的目的。如果目的不明确，就意味着你自己也不知道说什么，自然也不可能让别人明白，自然也就达不到沟通的目的。

二是必须知道什么时候说，就是要掌握好沟通的时间。在沟通对象正大汗淋漓地忙于工作时，你要求他与你商量下次聚会的事情，显然不合时宜。所以，要想很好地达到沟通效果，必须掌握好沟通的时间，把握好沟通的火候。

三是必须知道对谁说，就是要明确沟通的对象。虽然你说得很好，但你选错了对象，自然也达不到沟通的目的。

四是必须知道怎么说，就是要掌握沟通的方法。你知道应该向谁说、说什么，也知道该什么时候说，但你不知道怎么说，仍然难以达到沟通的效果。沟通是要用对方听得懂的语言——包括文字、语调及肢体语言，而你要学的就是通过对这些沟通语言的观察来有效地使用它们进行沟通。

如果每一个团队成员都能做到有效沟通，也就能积极地融入到团队中去，团队中的每一个人也都可以高效地合作，使团队的效率最大化，使工作圆满完成，使团队赢得成功。

5.

建立人际关系网络,赢得成功人脉

这是一个讲究人脉的年代,人脉是金,是一个人最重要的资产,是成功必不可少的关键因素。古人云:天时不如地利,地利不如人和。所谓的“人和”就体现了人脉的重要性。

我们常说,“在家靠父母,出门靠朋友”、“一个篱笆三个桩,一个好汉三个帮”。人脉如同血脉,四通八达。不管你做什么事,你都在以某种方式与别人发生着关联。松下电器创始人松下幸之助说:“一个人的成功就是他人际关系的成功。”没有人脉,只能是一分耕耘,一分收获,但若加上人脉,我们将是一分耕耘,数倍收获。

人脉越宽,路子越宽,事情就好办。几千年来,这已经被无数的经验和教训验证。一个成功的人士,往往能带动和影响他身边的一批人,他也善于理解和接受他们,使自己与他们之间的关系更融洽。良好的人脉是成就大事者最重要的因素,也是一个成功者必备的条件之一。

研究发现,一个人的成功,85%归功于他的人脉关系。看似幸运之神“巧合”地降临,其实多半是努力经营人脉的结果。有良好人脉的人,总是看上去能呼风唤雨、无所不能。而那些成功的企业家、职场精英,也无一不重视经营自己的人脉,无一不注重建立自己的人际关系网络,最终赢得成功。

胡卫在一家广告公司做事,他很会发展人际关系,不久便发展了最大的两家客户。同时,他的年薪也大涨。由于公司具有十足的发展潜力,因此他的前途也很光明。但是,他仍然希望能拥有一家自己的公司,他认为“打铁需趁热”,再不开始施展抱负,可能就要坐失许多良机。于是,就在27岁那年,他辞去了令人羡慕的职位,投身于自己的事业。此时,他过去的一些交际关系便派上用场了。

通常来说，广告业比其他行业更重视交际，甚至可以说广告业就是建立在人际关系上，需靠交际才能得以维持。一家广告代理公司建立之初，最重要的课题就是如何才能获得顾客，此时，公司职员们过去的个人交际便能产生极大作用。

胡卫曾经是许多公司的赞助者，信誉卓著，各方面关系都不错。所以，他的公司一开业，便有厂商指名要他代理，这使他的公司业绩蒸蒸日上。

5年后，公司已有30名职员，全国各地都有客户，其中足以维持公司生计的大客户就有15家之多。而他本身所具备的专业知识及交际能力皆是他成功的重要保障。

他后来又创办了一家"一年一元俱乐部"。该俱乐部是同业友人聚会的场所。凡是会员，业务上有任何疑问或困难，都可在俱乐部公开提出讨论或在会员间彼此交换意见，俱乐部可以算是"脑力激荡中心"。俱乐部的会员中，有一流的出版业者、广播业者、广告业者，等等，都是社会上的精英分子。通过这种形式，胡卫的人际关系又得到了发展。他每次在即将进行某一新企划时，也会到俱乐部寻求各方面专家的意见，他对于在那儿讨论出的结论极有信心与把握。

他工作上所需要的交际多半都在白天进行，但有时候夜晚也得做。他不仅常把工作带回家，也常请俱乐部的朋友到家里来。

后来，他的朋友仍在不断增加，交际范围也随之不断扩大。他的生意已经跨出国门，走向了世界。

人脉是金，在现在这样的一个人与人之间有着千丝万缕联系的社会里，人脉就是财富，人脉就是成功的通天路。很多时候我们在职场打拼，拼的不只是能力、学历、资历，更是人脉。谁拥有人脉，谁就能赢得胜利。善用人脉关系，已经成为社会的一种"潜规则"。如果你在职场当中的人缘好，很多事情都容易开展。对于职场当中的你来说，搞好人际关系，学会和别人相处，不论是同事、客户、上司、老板还是对手，让他们都成为你的人脉关系网上的一个点,使他们都能为你所用,使你的人际网络越来越大,你的成功就无人可挡了。

一个推销员拜访一个成功人士,问他:“您为什么能取得如此辉煌的成就呢?”

成功人士答:“每当遇到我的客户时,我都向他们说:‘请您给我介绍3个您的朋友,好吗?’很多人答应帮忙。”

这位推销员按照那位成功人士的经验,不断地复制“3”的倍数,数年之后,他的客户群像滚雪球一样越滚越大,通过真诚的交往和不懈的努力,他终于成为美国历史上第一位一年内销售额超过10亿美元的成功人士,他就是享誉美国的寿险推销大师甘道夫。

只有在你的工作中不断地扩大你的人脉关系网络,不断地建立你的成功关系网络,你的成功才会越来越近。

那么,我们应当如何扩展我们的人脉关系,搭建我们的人际关系网呢?

(1)注重工作中人脉关系的积累。每一份工作,对你来说,都是一个潜力巨大的人脉库,只要你留心,相信你会有一片自己的天地。

(2)多参加商务活动,可以是各种俱乐部,也可以是一些论坛、职场讲座,等等,在那里你会遇到许多职业人士,说不定他们以后就会在工作中助你一臂之力。

(3) 利用好职业社交网络。比如国内最大的职业社交网站天际网目前已经有会员650万左右。里面的用户绝大多数都属于职业群体。你可以在上面慢慢积累人脉关系,多互动,彼此就会从陌生变得熟识。

建立和维护人脉关系,我们需要具备分享的理念,不是分享金钱,而是分享情感,分享关心与爱护,分享喜好与兴趣,我们用分享的精神来吸引别人,用分享来留住别人,在人与人的交流中,我们的关系网自然会建立起来。

在建立人际关系中要注意以下的原则,这样更有利于我们搭建起良好的人际关系平台,更有利于我们的工作,也更能促进我们的成功。

(1)尊敬别人

无论与你交往的人身份何等低微、形象何等鄙陋、言行举止何等怪异、喜好习气何等让你难以承受，你一直要尊敬他，待他如一个与你对等的人，你就能取得他对你的尊敬。

这一点说起来容易，做起来很难。诚然我们不是圣人，不能彻底解脱世俗的影响。但只要我们记住人际交往的黄金法则——“你希望别人怎样对你，你就应当怎样对待别人”，以对等心待人，则会在人际交往中多些顺畅，少些波折。

(2)学会倾听

在与人交谈时，要专注、积极倾听别人说话，并不时作出恰当的反应和提问。倾听能表示尊敬、了解和真诚，是衔接心灵的桥梁。倾听还表现在不随意打断他人的说话，在别人漫无目标地说话时，礼貌地转换话题或结束话题。在表达自己的意见时，首先要承认别人的想法，再礼貌地提出自己的见地，这样就能在表明观念的同时防止了对方的抵触情绪，不至于伤及彼此的关系。

(3)学会赞美

赞扬能让人身心愉悦、精神充分，还能激起骄傲感，有助于对方更好地理解自己的长处和优点，熟悉自己的价值。所以称赞总是让人欢喜。不吝啬称赞，就能使人与人之间的关系变得轻松融洽，因为我们每一个人，都希望获得别人的赞誉和赏识。但是夸赞不能过度，要对症下药，要真诚和有感而发。称赞不是捧场，也不是捧臭脚，更不是攀龙附凤，所以称赞别人时切忌言过其实、不着边际和虚假做作，不然，称赞反而惹人烦厌。特别忌讳人前一套、人后一套，当面说人好话、背后说人坏话，或传送其他人之间互相责备、诽谤的话，否则势必激发人与人之间的矛盾。

(4)学会体谅

这个社会是由形形色色的人构成的，每个人的性格、喜好、习气会迥然不同，各有各的魅力。每个人有本身的喜恶，会有本身对人对事的见解，因而，不可用自己的规范去苛求他人。对一些性格特殊的人，要学会体谅和宽容。金无足赤，人无完人，要求我们交往的人是完美的，这本身不仅不可能，而且也过于苛刻。

“人非圣贤，孰能无过”，每个人都有缺点，都有优点，所以与人交往时，不要老是看到他人的短处，要多想想别人的优点。这个世界上不存在尽善尽美的人，就像不存在白璧无瑕的玉一样。看到别人的错误不要揪着不放，得理不让人。锱铢必较，针尖对麦芒，不宽容对方，以牙还牙或者坚决对立，只会让隔膜越来越深，人际关系只会越来越紧张，对人对己都没有任何好处。可见，苛求别人就是苛求自己，宽容别人就是宽容自己。

学会原谅他人，能防止很多恼人的事情，路会越走越开阔。古语曰：水至清则无鱼，人至察则无徒，说的也是这个道理。容人者，人容之。但原谅不是无准绳的谦让，不是黑白不分、脆弱可欺。

(5)别太自私

人首先是一个自私的动物。我们在人际交往中，习惯于站在自己的角度考虑问题，首先维护自己的利益，但同时我们又会十分厌恶那些为了自己利益而不惜牺牲别人利益的人。因而，在争取自己利益的同时，也要以不伤害别人的利益为原则，才能在人际交往中受人欢迎。

切记也不要做那些自私自利以至损人毁己的事。“己所不欲，勿施于人”。学会换位考虑，经常想想假如自己处在别人的位置上会如何，就能了解别人的反应，也就不会强求他人做到连自己也做不到的工作。

(6)恪守团队规则

恪守团体规则，尊重别人的需求，不要由于自己做得不好影响到别人，自己的责任应当积极承担，努力为团队多做贡献。

(7)乐于助人

每个人都不免有困难，需要别人的协助。一个不肯帮助他人的人，很难得到别人的帮助。主动在别人需要帮助的时候提供帮助，当别人遇到困难时伸出援助之手，经常给别人关心、帮助和支持，自己需要帮助时才能得到别人的帮助。

(8)坚持独立，保持谦虚

与人交往时要有自己的主意，不要随声附和、趋炎附势，更不要自狂自大、恃才傲物，不要老是与人抬杠。如果不管什么事都要争个高下，不管有没有道理，总要找出根据来阐明自己如何有理、对方如何无理，处处、时时要表现自己高人一等，自己是成功者，久而久之，就会很难让人容忍，引起别人的不满，让别人疏远你。

(9)保持笑容

笑容和些许诙谐有助于促进交流、沟通和拉近彼此之间的关系。笑容永远是拉近人际关系、促进关系和谐的最好的工具。所以保持你的笑容，将有利于你的成功。

成功需要各种各样的条件和因素，而人脉无疑是其中的一个重要因素。假如我们在人际交往中，尽量多地按上述原则行事，养成交朋结友的习惯，时刻注意搭建我们自己的人脉，我们的成功就会容易很多。

第十一章

自由散漫，缺乏自律
——不懂得自律的人绝对与成功无缘

人的一生最大的敌人只是自己。那些自由散漫、缺乏自律，不懂得自制自律的人，永远难以成功。只有拥有自律的人才能克制欲望的纷扰，时时观照自己，反省自己，战胜自己，控制自己，抵制诱惑，遵守规则和纪律，自己限制自己，自己约束自己，并因此而做出非凡的成就，收获完美的人生！

1.

自律是成功者最重要的特质

世界上有两种人。一种人习惯于他律，总需要别人来督促、别人来监督、别人来规范他的行为，否则他就不会做某些事；第二种人却习惯于自律，他们从来不需要别人督促，也不需要别人来规范制约自己，而是自己告诉自己该做什么，不该做什么。

那么，这个世界上是第一种人比较多，还是第二种人比较多？那些成功的人是自律的人，还是他律的人呢？

答案其实不言自喻：懂自律的人总会比那些不懂得自律的人要成功得多。

2000年小布什击败戈尔成功当选为美国总统。但你可曾想到，就是这样堂堂的美国总统，年轻时候却是放荡不羁、缺乏自制力的“坏”青年。学生时代的布什，学习成绩一般，但对于吃喝玩乐他却样样在行。平时他整天与“狐朋狗友”四处游荡，无所事事。他最大的喜好就是开着自己那辆哈雷——戴维斯摩托车，带着时髦女孩，在大街上飙车，除此之外，每天晚上，他总是泡在各色的舞厅里，不到深夜不会回家，而且每次都是醉醺醺的。老布什看儿子如此不上进，多次谆谆教导，但是，小布什总把父亲的话当耳旁风，依然故我。直到一天，一个很特别的女孩出现在他面前，她的美丽和纯洁一下子打动了“花花公子”的心。在这位姑娘的影响之下，小布什警醒了，他慢慢克制自己的放纵行为，奋发努力，投入政界。经过一番打拼，他终于成就了自己的辉煌，登上了总统的宝座。

自律是品格的精髓，是所有品格中最难得也最有力量的品格，唯有自律，才能不断修正人生的方向，抵达成功的彼岸。

自律是最难以获得的品质之一，因为世界上没有完美的人，正如一位哲人说的："没有不带刺的鱼，同样也没有不带缺点的人。"每个人都会有自己的不足和缺点。自律就是要求我们每个人充分认识自己，承认自己的缺点，不断地克服自己的这些缺点，改正它，战胜它，所以很难。正因其难，才更加可贵，更加难得，更加被人推崇和赞美。拥有自律品格的人，才能不断修正自己，改变自己，完善自己，因而才有能力登上人生的峰顶。

很显然，拥有自律自制品格的人，是善于自我管理、有自我管理能力的人，他们可以有意识地约束自己的行为，修正自己，激励自己，使自己更加自信、积极、进取，不怕一切困难，从而使工作更主动、更有效率，当然也就更容易成功了。

一个工作效率很高的销售主管说："我一直保持着将文档做得很工整的习惯，无论我有多忙甚至在周末也不例外，这个习惯让我受益匪浅，我很清楚我所要完成工作的时间表和采取何种方式去做。在我的系统里，我跟踪每一件事，从而确保自己不仅按时完成任务和落实各项细节，而且兼顾我的顾客和同事。如果他们没有及时和我联系，我就会给他们发电子邮件。有一天，一个人告诉我：'我还不如主动跟你联系，因为我知道你如果听不到我的消息，一定会在我的语音信箱里留言的。'"

诙谐作家杰克森·布朗比喻得好："缺少了自律的能力，就好像穿上溜冰鞋的八爪鱼。眼看动作不断可是却搞不清楚到底是往前、往后，或是原地打转。"

如果一个员工没有自律能力，那他在工作上的敬业程度就会大打折扣。一个资深的人事经理举了这样一个例子：我们的上班时间是早上8点30分，有人8点20分就到了，有人8点30分到，也有人8点40分才到。在平时是看不出这三类人有什么本质的区别，但是在关键时刻，或许就会因为这迟到10分钟的习惯,有些人误了大事,给公司带来了无可挽回的损失。这其实就是每个人自律能力的不同导致的不同后果。

运动员每天训练很辛苦,所以疲倦时都不太愿意训练。但不断地坚持操练是不是成功的关键呢?绝对是。所以需要教练在旁督促,他们才不得不训练。但是我们也看到,那些世界级的运动员、那些世界冠军们却很少需要教练的督促,他们总是自我训练。难道他们不累吗?肯定不是,只不过他们比那些习惯于他律的人更懂得,多训练才会成功,所以,再苦再累也要求自己一定要去做到这些事情。因而最终成功的就是他们,而不是那些总是需要教练在一旁监督着的人。

可见,自律是成功者的特质,是那些养成了不管在什么样的情况下都能克服心中的欲念,就是针对自身的情况,以一定的标准和行为规范指导自己的言行,严格要求自己和约束自己的人的特质。具备这样的特质的人,就是那些成功的人。

2. 缺乏自律,有才华也会误前程

自律是成功者最重要的特质之一。缺乏自律的话,即便才华横溢,当世无双,也难以成功,也会误了自己的前程。才华是奔腾的江水,自律是导引方向的江岸;没有自律的约束,再高的才华也只能带来"泛滥成灾"的后果。

比如那个号称齐天大圣的孙悟空,得天地之精华,吸四方之灵气,学得七十二般变化,取得定神针为武器,却不懂得自律,由着自己的猴性子胡来,上天下海,阳世阴间,天宫地狱,妖界人间,闹了个遍,最终呢,被压在了五指山下,寂寞度过了500年,要不是菩萨开恩，也许他一生一世，也不过就是个被束缚的石猴，哪会西天护师，取回真经，修成正果？

自律很重要，特别对于有才华的人而言，自律更重要，不懂得自律，由着自己的性子胡来，自由是有了，可能前途就会没了。所以，有才华更需要自律。

职场上有很多员工很有才华，技术精湛，无所不能，无所不会，但是我们却看到，那些才能平平的人反而把事业做得如火如荼，那些才华横溢的人反而工作平平，这中间，就是自律与不自律的区别了。

雷妮与肖凤都是电焊工，在同一个小组里工作。雷妮来自农村，吃苦耐劳，对工作认真负责，而肖凤是城里人，自幼受宠，崇尚自由，又是专业学校毕业的，技术也非常好，因而她对工作就没有那么认真了，总认为自己技术好，干好工作就行了，纪律守不守也没有关系。因此不守纪律、自由散漫几乎成了肖凤的标签。她每天总是最后一个到公司，到公司后，当别人早已穿上工作服开始工作时，她才慢慢地穿上工作服。

特别是晚上加班时间，肖凤总是喜欢在吃过晚餐后，站在公司门口与别人闲聊，等到加班时间到了，才慢慢地走到工作间开始工作，而雷妮，总是快速地吃完饭，就匆匆赶到车间，继续完成白天没做完的工作。两个小时的加班时间，很快就到了，雷妮早已完成手头的工作，在更衣室换下工作服，准备去公司澡堂洗澡，而肖凤见到同事们纷纷走了，她便加快速度马马虎虎地完成工作，有时没完成，就偷偷溜走了！

春天是易困的，每到下午两点多钟，肖凤总会偷偷躲在更衣室的一角睡上半个小时，而雷妮总是坚守在岗位上。

每逢周六加班，公司虽不用打卡，但是明确指出必须在八点半准时进公司，肖凤总是会挨到九点半才到公司，她说："又不打卡，领导又没看见，来晚点怕什么，工资又不会少一点！公司里只给我那么一点儿钱，我就干那么一点事！"雷妮却会提前到公司，将开水烧好，等同事来了有热水喝！

公司常有一些返工的产品运回来，临时要加班，总是难以打通肖凤的手机，她的手机要么是关机，要么是空号。肖凤常换手机号，就是为了逃避公司临时安排的“返工”，而雷妮是24小时开机，凡是公司打来加班的电话，她都会准时到达公司迅速完成工作。

等到年末续签合同时，肖凤傻了眼，雷妮不仅续签了合同，还当上了班长，工资也上涨了不少。而肖凤自己，竟然被公司解雇了！

不懂得自律的员工拥有了自律能力，就能够在了解了事情的轻重缓急之后，尽力去完成大家“避之唯恐不及”的某些所谓的“苦差事”，这样一来，往往能够成功地完成许多有价值的事情。因此，每个老板都希望自己的员工拥有较强的自律能力。

现在的人们都崇尚个性，爱好自由，但是，要知道，世界上本来就没有绝对的自由，自由必须是纪律和规则约束之下的自由。不懂得自律的人，有才华也不一定能得到重用，取得成功，拥有一个好的前途，因为他们的前途、机会和成功已经被他们的自由散漫和缺乏自制力吞噬了。

3. 所有的纪律和规章都需要严格遵守

没有规矩，不成方圆。世界上没有任何事情是绝对自由的。没有纪律的约束，自由就会泛滥成为堕落。所以，不论是谁，想要成功，就得养成遵章守纪的习惯。任何纪律和规章都要严格遵守，才能成就自己的事业，走向人生的成功。这方面，我们应当向革命先辈学习。

在延安的时候,毛主席去医院看望关向应政委。两人愉快地在病房里交谈起来。护士进来说:“同志,医生吩咐,病人要安静,不能会客。”毛主席谦和地说:“对不起,小同志。”随即辞别关向应离开了病房。

周恩来总理也是自律守纪的模范。一次,周恩来去北戴河,需要看世界地图和一些书籍。工作人员给北戴河文化馆打电话,说有位领导要看世界地图和其他一些书籍。接电话的小黄回答:“我们有规定,图书不外借,要看请自己来。”周恩来便冒雨到图书馆看书。小黄一见是周总理,心里很懊悔,总理和蔼地说:“无论谁都要遵守制度。”

企业也是一样。一个企业要想健康有序地发展,没有严肃的纪律和规则来做保证,是不可能实现的。一个团结协作、有战斗力和进取心的团队,必定是一个有纪律的团队。同样,一个积极努力、渴求成功的员工,也必定是一个具有强烈纪律观念的员工。纪律永远是成功的基础。对企业而言,没有纪律,便没有了一切;对员工而言,不遵守纪律,不守规则,永远都不会有前途。

遵守纪律,无论何时何地都会被人所欢迎。在铁的纪律和制度面前,任何人都应该积极配合它的要求,严格要求自己,认真遵守,不把自己当做特殊分子对待,严禁自己“越雷池一步”。只有这样,你才会融入生活和工作大环境之中。只有像老一辈无产阶级革命家那样去要求自己,自己才能取得非凡的成功,这是任何人都要明白的道理。

什么是纪律?让我们看看《现代汉语词典》中的解释,纪律:为了维护集体利益并保证工作的正常进行而定的,它与健康生活具有一致性。纪律就是要严格遵守各项规章制度,贯彻各种会议决议,执行公司制定的预算、计划、通知,这也是干部员工必须履行的职责。当然,自律是纪律的重要组成部分。只有每一个员工都能做到自律,做到克制,才能真正严格遵守企业的纪律和规则,不将个人、亲属、朋友、小团体的利益凌驾于企业利益之上,从而以企业的利益为重,全心全意为企业利益着想,企业才能发展壮大。我们也可以看到,大凡成功的企业或是个人,都是执行纪律的典范。比如海尔,就是一个以严格的纪律和规范的管理打造了自己高执行力的优秀企业。

从海尔成功的脚步里，我们可以看出，只有绝对地服从才能有效地执行，只有严格的制度和严明的纪律才能有企业的持续发展。没有规矩不成方圆，纪律是胜利的保障，这是古已有之、颠扑不破的真理。任何一个团队和企业，要想生存和发展，必须有严明的纪律作为保障。纪律是任何企业和团队文化的精髓，没有了纪律，企业和团队就是一盘散沙，就会失去约束，各自为政，你东我西。一般来说，纪律的含义有两层，一层是纪律的制定，一层是纪律的遵守和执行。所谓执行力，其实就是对纪律的遵守与执行的力度。纪律的制定是管理者的任务，而纪律的遵守和执行，就是企业所有人员人人为之的事情了。纪律面前无特殊，作为海尔人，从上到下，每一个人都要遵守纪律，用严格严密的规章制度有效控制每一个工序、每一个环节，把每一个要求都落实到具体的人身上。

再回头来看海尔的企业制度，从最初的13条开始，都非常简单明了，从起初写在食堂黑板上的“升官发财全靠竞争”，到后来的“赛马机制”、“三工并存、动态转换”，直到现在的“在位要受控、升迁靠竞争、届满要轮岗”等一整套规章制度，早已不单纯是白纸上的黑字了，而是深入员工内心，张口即来，严格遵循的行为规范。正是有这样良好的执行纪律的风气，才使得海尔令行禁止，政令畅通，保持着高效的执行力。

对于企业来说，无论大小，它的使命都是把目标和计划变成现实，这就需要每一个员工严格遵守企业的纪律和规则。作为企业的员工，要真正做到纪律严明、训练有素，必须要有自律意识，有自律的品格，不找任何借口，严格要求自己，遵循事物规律，遵循企业规则，不蛮干，不逾矩，无条件服从上级安排，严格遵守纪律和规范。只有如此，才能使个人的工作和努力，与部门和企业的任务、目标保持一致，自己的工作才会起到积极作用，发挥出最佳的效果。

在社会、在组织、在企业都是一样，自由是在纪律和规则的约束之下的自由，不可能是任由你随心所欲的绝对自由，自由如果无限制那就会乱了套了。有些人每天都担心纪律，视纪律为洪水猛兽，唯恐与纪律沾上边儿，这其实是没有必要的。纪律就像是高压线，你不去碰它，它绝对不会伤着你。你遵守它，它就是你的利益的守护神；你惹怒它，那么它也会成为你的麻烦鬼！其实纪律绝不是洪水猛兽，它并不那么恐怖。纪律就是高压线，它高高地悬在那里，只要你稍微注意一下，不故意去碰它的话，就绝对不会受到高电压的伤害。纪律有什么可怕的呢？只要你遵守它，它就永远只是助你成功的那一块垫脚石。

没有规矩，不成方圆；不守纪律，何来成功！凡事由着性子、自由散漫、无视规则和纪律的人，必然会受到规则和纪律的惩罚，你的成功就会越来越远。所以，要想取得成功，首先要从自制自律、严格遵守纪律开始。

4. 学会克制，放纵自我就是毁掉成功

如果一个人太过苛求自己，难免活得太累太沉重。但是如果放纵自己，则很容易误入歧途。随“心”所欲的结果，肯定是伤痕累累，后悔不及。所以，任何事情都要适度，要学会克制自己，任何时候都不要放纵自己。因为放纵自我只会毁灭成功。

在14世纪的比利时，有一个贵族，名叫罗纳德三世。他是祖传封地的正统公爵，但后来被他的弟弟推翻并关押了起来。他的弟弟想要摆脱他，但又不想亲手杀死哥哥，于是便想出了一个令人匪夷所思的办法。在将哥哥打入牢房之后，弟弟下令将原来的牢门改装得比以前窄一些。罗纳德三世身高体胖，根本出不了牢门。于是，弟弟承诺，只要哥哥能够成功减肥并自己走出那间牢房，那么他不但能够重获自由，甚至可以恢复原来的爵位。

但是，弟弟每天都会派人送去丰盛的美味佳肴。罗纳德三世根本经不住美味的诱惑，每天仍旧大吃大喝，结果不但没有成功减肥，反而变得更加肥胖，最后，罗纳德三世困死在连牢门都没有锁的牢房里。而这一结果，早就在弟弟的意料之中，因为他非常了解哥哥的秉性：缺乏自律能力。

放纵自己、不懂自律的人，绝不会获得成功，只会毁灭成功。所以，想要成功的人，千万不可放纵自己，一定要养成自制自律的习惯才行。要克制住自己的放纵心理，哪怕是小事也要严格要求才行。生活中小事无度，则会伤身。比如适量饮酒可活血化瘀，失度则伤肝；适时睡眠，除困解乏，过度则精神倦怠；言多必失，食多必胖。业余搞点爱好，利于放松，可如果失度，则会玩物丧志。人生如果放纵自己，没有自制力，任由发展，成功只会远远地绕道而去，永远不会亲近你。

伟大的诗人歌德，他曾经告诫人们：不论做任何事情，自律都至关重要。自我节制，自我约束，是一种控制能力，尤其控制人们的性格和欲望。一旦失控，变得随心所欲，结局必将一败涂地，不可收拾。

斯坦德是一位经理，一大早起床，发现上班时间快要来不及了，便急急忙忙地开车往公司冲去。

一路上，为了赶时间，斯坦德连闯了几个红灯，终于在一个路口被警察拦了下来，给他开了罚单。

这样一来，上班肯定会迟到。到了办公室之后，斯坦德犹如吃了火药一般，看到桌上放着几封昨天下班前便已交代秘书寄出去的信件，斯坦德更是生气，把秘书叫了进来，劈头就是一阵痛骂。

秘书被骂得颇有莫名其妙的感觉，拿着未寄出的信件，走到总机小姐的座位，又是一阵狠批。秘书责怪总机小姐，昨天没有提醒她寄信。

总机小姐被骂得心情恶劣之极，便找来公司内职位最低的清洁工，借题发挥，对清洁工的工作没头没脑地又是一串声色俱厉的指责。

清洁工地位低下，没有人可以再骂下去，她只得憋着一肚子闷气。

下班回到家，清洁工见到读小学的儿子趴在地上看电视，衣服、书包、零食丢得满地都是，当下逮住机会，便把儿子好好地修理了一番。

儿子电视也看不成了，愤愤地回到自己的卧室，见到家里那只大懒狗正盘踞在房门口，儿子一时怒由心中起，狠狠地一脚，把狗给踢得远远的。

无辜遭殃的狗，心中百思不得其解："我这又是招谁惹谁啦？"

这时，斯坦德正好从狗身边走过，谨慎的狗为防止再被人踢，迅速抓了一下斯坦德就溜，可怜的斯坦德被狗抓破了腿。碰巧那只狗体内藏有狂犬病毒，三个月后，斯坦德就得了狂犬病。他到死的时候也没有想到，这一切悲剧都是他自己引发的。

不懂得克制，不懂得自律，也许就会自己亲手毁掉所有美好的事情。所以，作为一个理智的人，一个希望有所成就的人，一定要学会克制，学会自律。

一个自律的人，必定是一个懂得自爱、勇于自省、善于自控的人，任何时候都不会允许自己放纵，哪怕一次，一天，甚至一分钟！任何时候他们都懂得自我克制，自我监督，自我规范，并养成良好的自律习惯，从而轻松把成功握在自己的手中。

第十二章

不爱学习,不思进取——与时俱进才能永远走在成功者之列

很多员工一旦小有成就,就沾沾自喜,停步不前,就想着吃老本,图安逸,不再学习,不思进取。殊不知世界每天都在变化,都在发展,安于现状只会让我们被淘汰、被抛弃。只有那些从不安于现状、从不停下前进的脚步、永远积极进取、永远与时俱进的人,才能一直走在成功者的行列,一直拥抱着成功。

1.

不思进取就会被岗位抛弃

不思进取、安于现状，是很多员工之所以没有大成就的关键原因。小富即安、小成即停的习惯，让他们最终只能落入平庸的俗套里，没有人可以例外。

有人做过这样的试验：如果把青蛙放在沸水里，它会立即跳出去。如果把它放在温度和室温一致的水里，再逐渐加热到沸腾，青蛙就会被活活烫死。这个试验告诉我们：安于现状、不思进取，是失败的开始，是成功的结束。

法捷耶夫29岁时就名震苏联文坛，并以《青年近卫军》一书，坐上了苏联作协主席的交椅。然而，在他后来的岁月里，他就忙着出访、开会、作报告去了，一生中再也没有写出一部作品。

杰克·伦敦也是一个典型，他写出了《马丁伊登》后，声名鹊起，财源滚滚，不仅在美国加利福尼亚州建起了别墅，而且在大西洋海滨购置了豪华游艇。然而功成名就之后，他沉浸在享受之中，不思进取，长期脱离创作，厌倦、空虚、落寞和无聊也接踵而至。1916年，他在自己的大别墅里开枪自杀，结束了自己的生命。

安于现状，就会让人失去追求卓越成就的原动力；安于现状，就会不思进取，就会失去工作的激情，什么事也不再想去干。本来可以全身心地投入，因为安于现状而打不起精神来；本来可以达到100%的合格率，因为安于现状，在达到60%的合格率时就停止不前；本来可以把工作做到最好，因为安于现状，没有做到最好就举杯庆贺了。安于现状会让人忽视危机的存在。今天平平安安地工作着，拿着薪水，忘记了失业的可能，忘记了被同事超越的可能，当被辞退的通知单已经有人为他们填好时，他们可能还在想："我再偷会儿懒吧，没有人能够发现！"安于现状，就再也不可能有成功，甚至连现在的岗位也会失去……

小刘运气非常好，一毕业就进入了一家行业协会工作。那个协会是半官方组织，收入非常高，普通工作人员年薪也在10万元以上，而且工作还相当清闲。小刘的同学们都羡慕极了。小刘也为自己的好运气沾沾自喜，很为自己这个好工作而满足。刚开始进去时，工作也还认认真真，但是工作任务实在太轻了，基本上整天都没有什么事干。没过多久，小刘就失去了工作热情，上班打游戏看网页，下班打麻将斗地主。

小刘的父亲很为他着急，建议他别老是想着玩，趁现在年轻，努力学点新知识和新技能，没想到小刘眉飞色舞地说："天底下只有垮掉的企业，没有垮掉的行业！只要我们行业不垮，我们这个协会就可以永远办下去，我们的收入就永远有保障。"的确，没有垮掉的行业，行业在，协会就在。但是，2008年里，很多企业陷入了困境，他们协会的会费收入锐减。雪上加霜的是，另一帮人搞了一个行业商会，和他们对着干，很多企业趁机抛弃了协会，加入了商会，因为商会能够帮助企业做很多事情，包括每年组织外贸洽谈会等，而协会却只收费不做事情。

后来协会精简人员，小刘失业了，而且由于在协会的几年他什么也没有学到，现在与他的同学们相比，他已经落后了一大截，甚至连刚毕业的大学生都赶不上，只是年纪比他们大了，找工作却比他们更难。而且工资低的工作，小刘也瞧不上眼。小刘现在才知道安于现状原来会带来这么严峻的局面。

世界每天都在变化，如果你只懂得安于现状，必然被世界抛弃，被岗位抛弃！

当我们拥有一份工作时，不要以为自己就可以一直拥有这份工作。有不少人在窥视着你的位置，他们可能把你挤下来；老板随时也在考察你，没准哪一天下班前，老板就通知你办离职手续了；公司经营面临着市场的挑选，公司可能倒闭，届时公司所有人都将失去工作。如果你总是安于现状，不思进取，不想着以后，没有更高的目标，你就只能被抛弃。

安于现状、不思进取，是人生中最大的敌人，它使人看不到更高的目标，使人沉沦于眼前的安逸，带来的后果却是永无尽头的后悔。因此，一定要坚决改掉“安于现状、不思进取”的习惯，培养积极进取、努力向上的习惯，努力向着更高、更远的目标进发，才能真正守住自己的岗位，不然就会被岗位抛弃。

2. 敢想敢做，大胆创新才能不断赢得成功

有着“安于现状、不思进取”恶习的人，都有因循守旧、墨守成规、缺少新的思路、缺乏创新精神的特点。他们习惯于眼前，习惯于现状，习惯于在“守”字上做文章，而从来没有想过超越，想过创新，因此他们永远只能在原地打转。而社会的变化日新月异，只躺在原有的基础上睡大觉，终将被历史所淘汰。所以，要想不断赢得成功，就必须要紧跟时代，与时俱进，敢想敢做，大胆创新。

2002年2月，时值春节，时任蒙牛液体奶事业部总经理的杨文俊在深圳沃尔玛超市购物时，发现人们购买整箱牛奶搬运起来非常困难。

由于当时是购物高峰，很多汽车无法开进超市的停车场，而商场停车管理员又不允许将购物手推车推出停车场，消费者只有来回好几次才能将购买的牛奶及其他商品搬上车，这一细节引起了杨文俊的重视。

此后，杨文俊就不断在思考这件事情，想着怎样才能方便搬运整箱的牛奶。

一次偶然的机会，杨文俊购买了一台VCD，往家拎时，拎出了灵感：一台VCD比一箱牛奶要轻，厂家都能想到在箱子上安一个提手，我们为什么不能在牛奶包装箱上也装一个提手，使消费者在购物时更加便利呢？杨文俊觉得这是一个方便消费者、更有利于蒙牛牛奶销售的好主意。他把这个想法在会上提出来，马上就得到了大家的认同，并立即得以实施。

这个创意使蒙牛当年的液体奶销售量大幅度增长，使蒙牛成为了同行业的佼佼者。其后同行纷纷效仿，现在我们看到几乎所有的箱装牛奶盒上都有提手。

这就是创新的意义。要么创新，要么死亡。创新成了这个时代最主要的课题。每一家企业、每一个组织，不论大小，都要创新，因为创新才能进步，创新才能生存，创新才能发展，创新才能成功。

创新是企业进步的灵魂，创新是个人发展的助力器。在当今这样竞争激烈变化迅捷的时代，一个不懂得创新的企业就不会有明天和未来，它只会因循守旧、墨守成规、停步不前、死气沉沉，并最终消亡，不会留下丝毫痕迹。一个不懂得创新、没有创新习惯的员工也不可能有辉煌和成功，他只会循规蹈矩、死守岗位、故步自封、不思进取，前怕狼后怕虎，什么都按照既定的路子走，从不敢越雷池半步，以至于僵化得没了半丝生气，最终惨遭淘汰。

所以，一个优秀的员工，一个渴求成功的员工，一定要养成敢想敢做、大胆创新的习惯。敢于创新，勇于创新，不断创新，敢想敢做，积极努力地去做，才能创造成功的机会，让自己一飞冲天，一鸣惊人，取得成功。

六十多年前，十岁的戴维很想玩棒球，但当时在他们居住的那个小镇上，根本找不到足够的人组成两支完整的球队，也找不到足够大的空地作场地。于是，他便在自己家的后院里玩耍，但是经常打破玻璃，招惹麻烦。

于是戴维开始用塑料高尔夫球当棒球，用扫帚把当球棒。他父亲曾经是棒球投手，他意识到儿子用小塑料球费劲地练习投曲线会伤着他的胳膊时，他决定要找出一个更好的解决办法。

他父亲从当地的一个工厂弄来一串塑料空心球，在厨房的餐桌旁，开始用剃刀在球上刻大小不一的洞。他想球上的洞可能会改变球的飞行，从而帮助儿子扔曲线和滑球，但又不会让球伤着他。

所有的球都不行——但是一个半边刻着八个椭圆形小洞的球除外。这个球的飞行曲线自然迅速，但又不会让手腕感到猛烈的抖动。事实上，戴维用这个新球打败了很多击球员，他称新球为“洞洞球”。

一年后，他的父亲向他的家人和朋友借了两万美元，开始生产洞洞球。

就这样，五十年代最狂热的时尚之一开始孕育其间，闻名世界的永久的畅销产品从这时开始诞生。从那以后成千上万的男孩女孩迷上了以棒球棒击打洞洞球这一安全有趣的活动，他们在玩洞洞球时度过了无数快乐的时光。

这个独一无二的产品也因大受欢迎、价格合理而使戴维一家迅速成为财富榜上的名人，彻底改变了他们的人生，改变了他们的命运。

创造力是上天赐予我们的最珍贵的礼物，能给我们带来许多意想不到的惊喜和精彩。创新创造了许多神话和奇迹，并且还在创造、还将创造更多的神话和奇迹。善于运用上天赐予我们的创造力，养成大胆去做、不断创新的习惯，我们就能不断赢得成功。

3. 不断学习，在学习中汲取成功的智慧

人非生而知之，而是学而知之。知识无边无际，永远学不完。但只要我们愿意学习，就能从中汲取无穷无尽的成功的智慧。而骄傲自满、不愿学习的人，是难以领会学习的真谛、也难以有所成就的。

有一位僧人一直在向师父学习佛理，已经学习了好几年。僧人自以为已大有所悟，不必再学，于是想向师父辞行，下山去。

师父问："已经领悟到佛之真谛了？"回答说："是，已全部领悟到了。"

师父说："拿木桶来，到河边装满石头回来。"僧人就提了桶，到河边装了满满一桶石头，回来呈给师父看。师父看了看，说："再去取沙，装进桶里！"这个和尚又去取了好多沙来，装进桶里，又装满了，就说："师父，装满了。"师父看了，点了点头却没做声。和尚以为可以走了，谁知道师父又说："你再去取些水来倒进这桶里吧。"和尚烦了，但想了想，反正是要走的人，再留片刻，也算不了什么，就再做最后一次，取瓢舀水往桶里倒，水顺着沙石的缝隙往下流，一瓢下去，水立即不见了，再来一瓢，再来一瓢，水并未满而溢出，十来瓢水倒进去之后，才见水迹。这时的僧人，恍然大悟，醍醐灌顶，丢了瓢，跪了下来，求师父收留他再学几年。

师父这才问："悟了吗？"和尚低声答："悟了。""悟什么了？"答："自满不是满，心虚才不满。"于是又留了下来，修行多年，最后终于领悟成佛。

世间知识无穷无尽，又有哪一个人敢说自己已经不需要学习了呢？

即使是再博学的人，又学会了多少？所以学习是一个永恒的过程，学无止境，活到老学到老，永远没有学完了学尽了的时候。“满”还是“不满”只是相对而言，没有绝对的满，而不满却是永远的。知识的学习，不要自己觉得满，而要觉得不满，有一种“空杯”心态，才能更谦虚、学得更好，才能在学习中不断汲取成功的智慧和动力，让我们一路激情，一直向着成功奔去。

现代员工很多学历很高，博士、硕士在如今早已没什么稀奇。但学历只代表过去，只有不断学习才代表将来。不论你学历多高，学问多大，技术多强，如果停止学习，必然掉队，被别人超越。所以一个真正出色的员工，必定是一个善于学习、有着良好学习习惯的员工。

在一家IT公司任项目部主任的雅美，是这家公司升职最快的员工。和这家公司全是高学历人才不同，雅美刚进来时只是计算机专业的一个本科毕业生，从事网络管理工作。因为专业对口，而她自己又特别喜欢自己的工作，加之她又是个非常努力、非常爱学习的人，所以工作起来非常卖力，从没有出过差错。

虽然干着网管的工作，但爱学习的雅美却从没满足于就这样一直干下去，而是抓住一切时间、一切学习的机会学习一些高级编程技术，并经常自己编写一些小游戏放到网络上，供网民免费使用。她对各种应用软件、各种最热门的游戏软件都兴趣十足，热心钻研，时时刻刻都在学习和提高自己。一年下来，她的技术早已远远超出一个本科生的水平了。而且她自己还正在用尽心思设计一款很时尚的游戏，利用下班时间，一点一点地做，已经快完成了。凭她对游戏市场的了解，她本能地觉得自己的这个游戏一定会有一个非常好的市场前景。她信心百倍。

没有想到的是，她刚刚完成这个游戏，正想着是免费挂在网上，还是找一家公司投资时，她所在的公司决定向游戏进军，并公开招聘项目部主任，要求硕士以上学历，有工作经验，有软件编程技术，对游戏市场有独特的认识，有自己独立开发的作品。雅美一对照，发现自己除了学历不够，其他各方面都能达到要求，而且最关键的是，她有自己的产品。因此，她决定去应聘这个职位。

没想到的是，公司里那么多博士和硕士居然都败下阵来，雅美一个人独占鳌头，一举拿下头名，成为项目部的主任。

工作犹如逆水行舟，不进则退。现代职场中充满着无形的竞争，如果在逆流中，不拼命地往前游，就会被无情水流冲得无影无踪。职业生涯的每一个驿站，都需要不断充电来面对下一个冲刺。人在职场，不管身居何职也不要放弃学习，而应时刻具备危机意识。想纵横驰骋职场，在激烈的竞争中永远立于不败之地，就要在工作中边干边学，缺什么补什么，不断地完善自己。

不断学习，积极进取，是一个人的明智之举，它提高的是职业人士的竞争力。无论是像雅美一样时时刻刻以学习为重，还是在工作中不断钻研，作为职业人士，都要从工作的实际需要出发，选择适合自己的充电途径，实现充电的最佳效益，最终拥有再次驰骋职场、决胜职场的能力。

未来的职场将不再是单纯知识与专业能力的竞争，而会是学习能力的竞争。一个人如果不善于学习，不懂得学习的重要性，他就会彻底丧失竞争力；如果一个人善于学习，勤于学习，他就会有着光明的职业前程。所以，养成不断学习的习惯，不断进取，在学习中不断汲取成功的智慧，才能最终抵达成功。

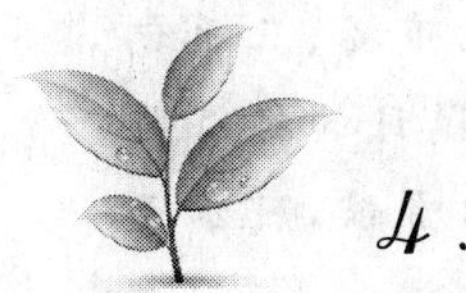

4. 每天进步一点点，就离成功近一点

荀子说：“不积跬步，无以至千里；不积小流，无以成江海。”我们的成功也是一样，不管是做学问还是做事业，都不可能是一蹴而就的，都必须经过一个漫长的积累的过程。成功是由一个个小小的目标、一次次小小

的进步累积而成的。成功是由无数个点组成的完整的生命历程,成功就是每天进步一点点。

前洛杉矶湖人队的教练派特雷利在湖人队最低潮时,告诉球队的12名队员说:“今年我们只要每人比去年进步1%就好,有没有问题?”球员们一听:“才1%,太容易了!”于是,在罚球、抢篮板、助攻、拦截、防守五方面每人都各进步了1%,结果那一年湖人队居然得了冠军。

有人问派特雷利教练,为什么能这么容易得到冠军呢?教练说:“每人在五个方面各进步1%,则为5%,12人一共60%,一年进步60%的球队,你说能不得冠军吗?”

其实,职场中人也可以遵循这个法则,让自己每天进步1%,只要你保证每天进步1%,就不必担心自己不成功。

世界管理大师戴明博士说:“要坚持每天进步一点点,就一定可以成功。”

1950年,美国企业管理学家戴明博士被占领日本的美军司令麦克阿瑟将军举荐给了日本企业界,向日本企业家传授企业管理的“福音”。这个在本国不太受重视的管理学家在日本却大受欢迎,被日本松下、索尼以及本田等众多企业和企业家奉为管理神明。在他的影响下,日本这个一无资源、二无市场、三无创新技术的小国在战后奇迹般地崛起了,成为举世瞩目的经济强国。为表彰戴明博士为日本经济腾飞做出的杰出贡献,日本天皇授予他“神圣财富”勋章。

日本经济的迅速发展使美国企业感到了前所未有的压力:世界总体经济形势极为低迷,为什么日本人行而我们不行?为了解开答案,美国人找到了戴明,向他发问:“你究竟交给日本人什么‘秘诀’,使日本的工业这么快崛起?”

戴明说:“也没有什么,我只是告诉日本人,每天进步一点点。”

这是一个再普通不过的答案。但正是这个“每天进步一点点”，造就了日本经济腾飞的奇迹。

每天进步一点点是简单的，就是要你始终保持强烈的进取心。迈克·乔丹就是坚持每天进步一点点，而成为美国著名的球星。一个人如果每天都能进步一点点，哪怕1%的进步，试想有什么能阻挡他最终实现成功呢？

获得世界和平奖的画家齐白石，本是一名木匠，后来靠着自学成为画家。他始终不满足自己取得的成就，不断汲取历代名画家的长处，改变自己作品的风格。他60岁以后的画，明显地不同于60岁以前的；70岁以后，他的画风又变了一次；80岁以后，他的画风再度变化。据说，齐白石的一生中，画风至少变了五次。他在80岁高龄的时候，仍然坚持每日作画，即使有事耽搁了，他也会在过后把画补回来。因他的坚持，他晚年的作品明显比早期作品更为成熟，从而形成了独特的流派风格。

可见，每天进步一点点的原则，是成功的人生战略，无论对精神生活的追求、对物质生活的追求，还是对事业成功的追求都是如此。我们可以追求短期效应，但目光却应放得更长远些，不要计较一城一池的得失，不要让急功近利蒙住了我们智慧的双眼。

松下幸之助能获得“经营之神”的美誉，全有赖于他的经营哲学：日积月累，做好每一天的事。他常说，自己之所以有所成就，是因为不厌其烦地做好每一天的事。他指出：“我并没有那么长远的规划。珍视每一个日日夜夜，做好每一项工作，这是有今日辉煌的秘诀。遥想当年，我仿佛并没有什么要建一座大工厂的远大规划。创业初期，一天的营业额仅1日元，后来又期盼一天有2日元，达到2日元又渴望3日元，如此而已，我们只不过是热心努力地在做好每一天的工作。”

每天进步一点点，持之以恒尤为重要。热情不因悲欢离合而起伏，劲头不随阴晴圆缺而波动，每天都要给自己一个雷打不动的作业，并在当天就使它成为一份杰作。一点点进步并不引人注目，然而就是这一个个不引人注目的努力，最终会成为你引以为傲的成就。

海洋动物园里有一条重达八千六百公斤的大鲸鱼，能够跃出水面六点六米，还能向游客们表演各种杂技。面对这条创造奇迹的鲸鱼，游客们纷纷向训练师请教训练秘诀。

原来，最初开始训练时，他们先把绳子放在水面下，使鲸鱼不得不从绳子上方通过，每通过一次，鲸鱼就能得到奖励。这种训练好像游戏，鲸鱼很喜欢。

渐渐地，训练师会把绳子提高，只不过每次提起的幅度都很小，大约只有两厘米，这样，鲸鱼不需花费太大的力气就有可能越过去，获得奖励。而时常受奖励的鲸鱼，便很乐意接受下一次的训练。

随着时间的推移，鲸鱼跃过的高度逐渐上升，最终竟然达到了六点六米。

可以说，正是鲸鱼每次微不足道的两厘米的进步，最终成就了它令人惊叹的“六点六米之跃”，而一条原本普通的鲸鱼，也借此跃过龙门成为明星。许多时候，我们人类的成就，也如同鲸鱼一般，依赖于持之以恒的努力。

每天进步一点点不是可望而不即及的，也不是可遇不可求的，只是每天都不能自视甚高而眼高手低，不能踩在昨天的荣誉上自以为了不起。也许每一天的进步确实微不足道，但每天坚持，永不停步，假以时日，成功一定会属于你。

刘克三年前在一家企业担任网络通讯设备销售总监，因为三年来一直忙于日常事务，在“干杯”声中一晃三年就过去了。三年后的一天，他的一名下属——三年前学历比他低、能力比他弱，经验几乎为零，现在则刚好相反，学历比他高，能力比他强，经验也在数年的商海中获得了积累，销售业绩惊人，在公司最近的绩效考评中名列第一，将刘克取而代之。留给刘克的除了美好回忆和一个“将军肚”外，唯有一声叹息。

有人为此特地采访了这位以前是下属、现在为销售总监的年轻人。

采访者开门见山地问道：“请问你是如何在三年的时间内发生如此大的变化的？”

年轻人很自然地回答：“每天提高1%，仅此而已。”

一个人之所以会成功，是因为他不断地进步，不断地改善。只要你能够每天持续不断地改善，一天改善1%，一年就有好几百个1%的改善，也就是有好几百倍的成长，只要你能够每天持之以恒去做。

不管目标多么高远，不管前路多么遥远，不管成功多么困难，只要坚持每天进步一点点，我们就会离成功近一点，并最终有一天取得成功。

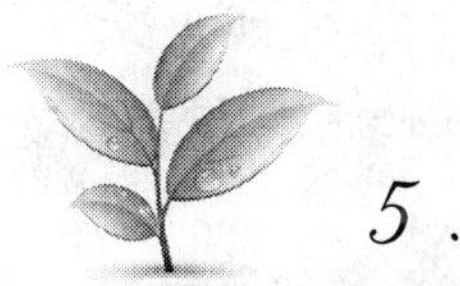

5. 永不止步，才能一直与成功同行

所有的成功者无不拥有一颗想飞的心，因为这样的心可以带来超常的思维，帮助自己超越困难、突破阻挠、粉碎障碍，最终达成心中的梦想。所以，要想成功，也要有一颗想飞的心和永远进取的精神才行。

生命的意义在于不断进取，在于永不停步，在于不停地超越自己，不停地向着更高更远的目标前进。这就需要我们要有不断向上的进取心，来支撑我们一直向前，永不停步。进取心使我们向着目标不断努力，它不允许我们懈怠，它让我们永不满足，每当我们达到一个高度，每当我们取得成果，它都会让我们把这当作一个新的起点，召唤我们向更高的境界努力，直到攀上人生的顶峰。

爱迪生、斯旺以及许多科学家在同一时期研究电灯，当时电灯的原理已经很清楚了——要把一根通电后发光的材料放在真空的玻璃泡里，人们在解决一些具体问题——如何让它更轻便、成本更低廉、照明时间更长。其中最主要的问题，也是竞争的焦点，在于灯丝的寿命。

爱迪生全力以赴地投入了这项研究，有位记者对他说："如果你真的让电灯取代了煤气灯，那可要发大财了。"爱迪生说："我的目的倒不在于赚钱，我只想跟别人争个先后，我已经让他们抢先开始研究了，现在我必须追上他们，我相信会的。"

在当时，爱迪生已经声名赫赫，他仅仅宣布可以把电流分散到千家万户，就导致煤气股票暴跌了12%。他本人是冷静的，在设想成为现实之前，他要像小时候在火车上做实验一样踏踏实实地干。他已经是一个改进了电话、发明了留声机、创造了不计其数的小奇迹的著名"魔术师"，但他是这样的人——一旦取得了成果，就把它忘掉，扑向下一个。用来做灯丝的材料，他尝试过炭化的纸、玉米、棉线、木材、稻草、麻绳、马鬃、胡子、头发，还有铝和铂等金属，总共1600多种。那段时间，全世界都在等着他的电灯。

经过一年多的艰苦研究，他找到了能够持续发光45小时的灯丝。在45个小时中，他和他的助手们神魂颠倒地盯着这盏灯，直到灯丝烧断，接着他又不满足了："如果它能坚持45个小时，再过些日子我就要让它烧100个小时。"

两个月后，灯丝的寿命达到了170小时。《先驱报》整版报导他的成果，用尽溢美之词。大街上响彻这样的欢呼："爱迪生万岁！"然而，爱迪生用这样的讲演使人们再次惊讶："大家称赞我的发明是一种伟大的成功，其实它还在研究中，只要它的寿命没有达到600小时，就不算成功。"

那以后，他在源源不断送来的祝贺信、电报和礼物中，在铺天盖地的新闻中，默默地改进着灯泡，向600小时迈进，结果，他的样灯的寿命却达到了1589个小时。

不管你在什么行业，不管你有什么样的技能，也不管你目前的薪水有多丰厚，职位有多高，已经做出的成就有多大，你都应该告诉自己：我不会停步，我要继续向前，我的位置应在更高处。这样的信念可以让你永远向着更高的目标前进，使你向前迈进的步伐更坚定更有力，使你一直与成功同行。

自5岁登台起，迈克尔·杰克逊就创造了一个又一个无人可以超越的奇迹，也许在别人眼中，他的成功太容易。可是，如果认真研究迈克尔·杰克逊在那么多年里所做的一切，人们就会明白，世界上并没有奇迹，所谓奇迹，不过是一次又一次演练那种“拉弓”的过程，才让他们最终出现在观众眼前的时候，一箭射中了那轮看似遥不可及的“太阳”……

在迈克尔的音乐和舞蹈生涯中，有许多人曾经像他一样星光熠熠，甚至在某个时刻，掩盖住了他的光芒，但是，他却如同一颗恒星，一直稳稳当当地沿着自己的轨道、毫不迟疑地向前运行，在蔚蓝而广阔的天空中、在观众心中留下永恒的记忆。甚至，有很长一段时间，美国乐坛被命名为“迈克尔·杰克逊时代”。

他是如何做到这一点的？

秘诀或许只有一个：永不停步！

在最初演唱别人的歌曲的时候，杰克逊和他的兄弟们所需要做的，就是尽力让自己演唱的歌曲能够跟原创一样好，甚至比他们唱得更好。但当迈克尔·杰克逊用自己的音乐和舞蹈取得空前盛名的时候，他需要超越的，就是他自己了：他需要让自己的每一张新唱片，都能够超越之前所取得巨大成功的唱片，唯有如此，才能够不让歌迷们失望，才能让自己一直行走在成功的路上。

在《颤栗》取得巨大成功之后，迈克尔说：“在以后的两年半时间里，我花去大部分时间录制了《颤栗》之后的唱片，最后唱片命名为《真棒》。”

“制作《真棒》花了这么长时间，结果是值得的，因为我们对我们所取得的成绩感到满意。但它也是很艰难的，我们总是处于紧张状态，因为感到是在和自己竞争，当你有这种感觉的时候，你很难创作出新的东西。不管你自己怎么看，别人总是要拿《真棒》同《颤栗》来比，你可以说：'嗨，忘掉《颤栗》吧。'但谁又会忘记呢。"

50岁时，迈克尔计划做一次全球巡演，他花了很大的工夫排练他的新舞蹈，他其实是想超越他那些曾经让全世界都为之疯狂的标志性的舞蹈，为了下一个奇迹，他倾尽全力。

虽然天妒其才，不假其年，让他在他的演出即将开始前离开人世，但即便是在生命的最后，迈克尔也依然是全世界最成功的音乐之王，是全世界最炫目的明星。正是他的这种在音乐和舞蹈上不断超越自己的精神，永不停下前进的脚步的精神，让迈克尔·杰克逊在美国及至世界乐坛开拓了一个崭新的时代，成功者的时代，属于他的时代。

目标永远在我们的前方。不要仅仅满足于一时的成就，向着更高的目标靠近吧。一时的成功绝不代表一生的成功，只有永不停步，永远向前，才能永远走在时代之前，永远与成功相伴！

第十三章

有始无终，半途而废
——成功永远属于那些坚持到底的人

成功就像一个调皮的孩子，总爱躲在那些曲曲折折的困难和阻碍背后，在那些混乱而复杂的失败和沮丧背后，偷偷地看着。如果你不能战胜那些困难和阻碍，如果你不能逃脱那些失败和沮丧，如果你不能执著于目标，一直坚持、一直努力，一直到最后，成功永远不会现身。所以，千万要改掉有始无终、半途而废的习惯，要养成坚持到底、永不退缩的习惯，因为成功永远只属于那些坚持到底的人。

1. 半途而废只会带来百分之百的失败

有很多人有能力、有雄心、有壮志，也付出了足够的努力，但是成功却永远与他们无缘，他们做什么事都无法成功，做每一件事都没有一个好结局，甚至没有结局。这让他们很恼火，甚至灰心，觉得人生无趣，成功永远遥遥不及，甚至把一切归结为命运，认为是命运在捉弄自己，命运不眷顾自己，从而灰心丧气，失去了继续努力的勇气，最终沦为一个平庸的失败者。

有一年大干旱，村子里所有的井都干了，全村人只好逃到外地去，希望能找到一个有水的地方，活下命来。

大家携家带口，经过艰难的跋涉，他们终于找到了一块生长着几棵茂密的大树的地方。村中的长者断定，这个地方的地下一定有水，我们就在这里安顿下来，就在这里挖一口井吧。

于是村里的青壮年开始挖井。也许是他们太渴望挖到水了，也许是他们太缺乏耐心了，他们在这块不大的地方不停地挖呀，挖呀，挖得很深了，也没有看到水，于是又换个地方再挖，村里所有的人都动员起来了，总共挖下了九十九口井，都挖得很深，居然没有一口井挖出水来。他们已经精疲力竭，再也没有力气挖了。只有再次向前进发，但是实在撑不住了，好多人死在了路上。最后只剩下一个人，他也是当时挖井的人之一。

他迷路了，走着走着居然又回到了这有几棵大树的地方，令他惊奇的是，这里早已经不像前几天那样荒凉了，而是人声鼎沸,烟火处处,每个人都高高兴兴的。原来是另一个村子的人到了这里,他们已经挖到了水,准备定居此处了。

这个曾经在这里挖遍了每一个地方的年轻人觉得太奇怪了,这个地方不是没有水吗?他们怎么挖到水了?他跑到井边一看,这不就是他们以前挖的井吗?居然每一口井里都有水!这位年轻人不禁号啕大哭起来,他认为是天意要灭亡他们的村子,居然他们挖的时候一滴水也没有,而别人来挖时居然到处都是水,天道真是太不公了呀!

他的哭声惊动了人群,大家都围过来看他,这个村的长者知道他是为这件事哭泣时,拉起他的手说:"年轻人,来,看一看这井。你们只挖到这里,再挖下去三寸,水就可以出来的。但是你们没有深挖下去。也许只要再挖两锄头就行了,但就差了这么一点点,你们没有坚持再挖下去,所以水一直没出来。不是天道不公,是你们自己没有坚持到底呀!"

年轻人怔怔地看着那些汩汩往外冒水的井,心里后悔不已,但这时候,一切都已经晚了。

半途而废、有始无终的人永远无缘成功,失败是他们逃脱不了的宿命。如果有这样的坏习惯,注定只会吞下失败的苦果,流下痛悔的泪水。

不管是什么人,不管天分多么高,多么勤奋,甚至多么了不起,如果他养成了半途而废的恶习,就注定他与成功取消了约会,至死都难以有所成就。

印度诗人撒母耳·泰勒·柯尔雷基,据说才华无双,勤奋无比,只是他有一个不太好的习惯——事情做到哪里算哪里,如果没做完,什么时候兴趣来了,就再做做,没有兴趣了,就再也不管了。即使是对他最钟爱的诗歌,他也没能改掉这个不好的习惯。因此,他的才华谁都承认,但他却未能成为杰出的诗人。他的作品不可谓不丰富,据说他遗留下来的诗歌有四万多首,但却只有很少很少的是完成的,他还有很多篇有关形而上学和神学的论著,可一样没有一篇是完成的,全是半成品!

许多人之所以无法取得成功，不是因为他们能力不够、热情不足，而是缺乏一种坚持不懈的精神。他们工作时往往虎头蛇尾、有始无终，做事东拼西凑、草草了事。他们对目标容易产生怀疑，行动也始终处于犹豫不决之中。比如，他们看准了一项工作，充满了热情开始去做，常常在刚做到一半时又会觉得另一份工作更有前途。他们时而信心百倍，时而又低落沮丧。可以说，这种人也许能短时间取得一些成就，但是，从长远来看，最终一定会是一个失败者。因为在这个世界上，没有一个做事虎头蛇尾、迟疑不决、优柔寡断的人能够获得真正的成功。

在现代公司里，很多员工也有做事虎头蛇尾、有始无终的恶习。他们做事时只有一个很好的开头，却没有一个令人满意的结尾，习惯于把工作做了一会儿，就放在一边，而且他们充分相信，他们似乎已经完成了什么。这样做，犹如足球运动员在临门一脚的刹那间收回了脚，前功尽弃，白白浪费力气。但他们却养成了这样的习惯，他们做事只有善始，没有善终。不管做什么样的事情，不管一开始有多么高的雄心壮志，遇到稍许的挫折或是困难，他们就甘心放弃，然后又兴致勃勃地投入到下一件事情中去，一样地热情满怀，激情四溢，但是一遇到不顺利，他们的退堂鼓打得比谁都快，因而他们的工作永远难以做到尽善尽美，他们在公司也得不到足够的信任，也就难以晋升，难以有前途。

对一位积极进取的员工来说，有始无终的工作恶习最具破坏性，也最具危险性。它会吞噬你的进取之心，它会使你与成功失之交臂，使你永远不可能出色地完成任何任务。古人云“行百里者，半于九十”就是这个道理。不能坚持到最后，胜利就永远不会属于你；工作半途而废，成功也就会半路脱逃，再也无法追回。

2. 成功永远属于那些坚持到底的人

中途下车,永远不会到达终点,只有坚持到底,才能领略终点的风景。成功也是一样,不管路途多少曲折,遇到过多少挫败、多少困难,坚持到底,成功最终就会属于你。

20世纪70年代,世界拳王阿里因体重超过正常体重20多磅,因此速度和耐力大不如前,他也因此面临着告别拳坛的厄运。

1975年9月,四年未登上拳台的33岁的阿里与另一拳坛猛将弗雷泽进行第三次较量。在进行到第十四回合时,阿里已经精疲力竭,处于崩溃的边缘。他随时都有可能倒下,几乎再也没有力气迎战第十五回合了。

然而,阿里并没有倒下,而是拼命坚持着,不肯放弃。他心里清楚,对方也和自己一样,也筋疲力尽了。到这个时候,与其说在比气力,不如说在比毅力,最后的胜利就看谁能比对方多坚持一会儿了。他知道此时如果在精神上压倒对方,就有胜出的可能,于是他竭力保持着坚毅的表情和誓不低头的气势,双目如电。弗雷泽不寒而栗,以为阿里仍存着体力。阿里从弗雷泽的眼神中发现了这一微妙的变化,他精神为之一振,更加顽强地坚持着。果然,弗雷泽表示甘拜下风。裁判当即高举阿里的臂膀,宣布阿里获胜。这时,保住了"拳王"称号的阿里还未走到台中央便眼前一片漆黑,双腿无力地跪在地上。弗雷泽见此情景,追悔莫及,并为此抱憾终生。

有时候,成功就是一步之遥,可是有多少人因为没坚持下去,而死在黎明到来之前？人们说，黎明前的夜总是最黑的，离成功最近的那段路永远是最难走的，这也是为什么会有“百尺竿头，更进一步”的说法。越是艰难，就说明你离成功越近。坚持下去，成功就在前边不远的地方，或许迈出这一步你就会成功，如果停下来，你会后悔一辈子，因为成功永远属于那些坚持到最后的人。

我们都知道“达美乐”比萨，是世界第二大比萨饼连锁集团，连锁店目前已经超过1万家。他的创始人汤姆·莫纳汉1984年个人财产达到3亿美元，进入《福布斯》杂志评选出的美国前400个富豪之列。但很少人有知道，“达美乐”是怎样历经磨难，从挫折中诞生的。汤姆·莫纳汉父亲早逝，从小就被母亲送到孤儿院。由于穷困，他的学习生涯断断续续，大学没有上完就退学了。后来，他和哥哥借贷了500美金买下了一家濒临倒闭的比萨店。他把所有的希望寄托在上面，用心工作，一周工作将近100小时。小店的生意不错，他们开始有了自己的收入。后来哥哥不愿如此辛苦，便退出经营，只有莫纳汉独自支撑。

1968年，莫纳汉碰到了他创业中的第一次挫折，正在“达美乐”的连锁不断展开的时候，一场大火不仅烧毁了店铺，还烧毁了所有的账册和凭证。更倒霉的是，因为莫纳汉没有缴纳保险费，不仅没有得到赔偿，还损失了15万美元。莫纳汉没有被厄运吓倒，他从头做起，并继续扩张他的连锁经营。到1969年，他已经有了12家连锁店。然而，急速的扩张让莫纳汉的资金流出现了很大的问题，在莫纳汉还没有意识到这一点的时候，“达美乐”已经是负债累累，拖欠1500名债主150万美元，其中有的人甚至对他提起了100多起索债诉讼。此外，还有银行的借贷和巨额的税。银行接管了“达美乐”，本来他们要解雇莫纳汉，但是紧急情况下，实在找不到合适人选，而莫纳汉愿意以每周200美元的薪酬每天工作15小时，于是他又留了下来。一年之后，银行认为“达美乐”已经无药可救，要求莫纳汉申请破产。这应该是对他最有利的事情，只要申请破产，就可以免去债务的苦恼。可是莫纳汉没有同意，他宁愿负债累累，也不愿意让这个新生的牌子倒掉。

他记下所有债主的账单，记住他们的地址，发誓将来会一分不少地还给他们。这个举动感动了所有的人，这笔巨额债务直到1977年9月10日才还清。在莫纳汉的努力下，1975年“达美乐”的连锁店已经达到了100家，7年后达到750家。到了20世纪80年代中期，“达美乐”几乎是以每天增加一家连锁店的速度向前发展，到1984年，它已经有1900家连锁店了。这时，“达美乐”已经成为仅次于必胜客的全美第二大比萨连锁店，也是国内最大的比萨饼外卖公司。面对这样的磨难，一般的人早就被挫折打倒了，而莫纳汉却凭着他坚韧的素质，走过了一次次的失败，最后取得了辉煌的成就。

世界上没有什么事情是做不了的，也没有无法克服的困难，只要不半途而废，能够坚持下去，终究会获得成功。

世上没有什么是一成不变的，不管多累，不论走了多远，不管收获了什么，如果目标还在，梦想还在，就一定要坚持下去。人生本来就是一场长长的马拉松比赛，跑得快、跑得慢都只是暂时的。获得胜利的人，不一定是实力最强的那一个，但一定是能够坚持到最后一秒的那一个。只有坚持到最后的人，才能等到成功的机会，才能获得最后的成功！

3. 过程曲折并不意味着结果失败

谁如果相信成功之路是坦荡平直、一帆风顺的，谁就是傻瓜。成功之路从来都不是顺畅的，所以一个人能取得成功才看起来那么的可贵。成功的路上布满了荆棘杂草，而且曲折坎坷，这恰恰说明它是一条通向成功的路,不要为道路的曲折而对路的尽头产生怀疑,因而停止不前,左顾右盼。

曾经有一位63岁的老人从纽约市出发,经过长途跋涉,克服了重重困难,通过步行到达了迈阿密市。

在那儿,有位记者采访了她。记者想知道,这路途中的艰难是否曾经吓倒过她?她是如何鼓起勇气,徒步旅行的?老人答道:“走一步路是不需要勇气的。我所做的就是这样。我先走了一步,接着再走一步,然后再走一步,我就到了这里。”她的坚韧创造了奇迹,也让她更加了解自己的潜力。

每个人在通往成功的路上都会有迟疑与迷茫,没关系,坚持走下去,一直不停地迈出下一步,你就会创造传奇,就能取得成功。成功永远只属于那些坚持到最后的人。正所谓,笑到最后的才是胜利者。只有坚持到达终点,才是胜利,才是成功。

每一个目标在实现的过程中总是会遇到一些困难。或许在接下来的道路中,困难会越来越大,成功会越来越曲折,但是,我们要做的,只是拥有坚持下去的信念,一定要告诉自己道路曲折并不是说明自己走错了,而恰恰是因为自己走对了,不管前边有什么,不管多么曲折,不管多么难走,只要坚持走下去,只要重复着向前迈步,总会有一天,你会取得成功。

诺贝尔出生于瑞典斯德哥尔摩市,他通晓俄文、瑞典文、英文、法文等多国语言,由于家庭的熏陶,从小就对科学发明有着浓厚的兴趣。

在一次偶然的经历中,他接触到了硝化甘油,他下意识地认识到这种东西的威力,于是开始了一项伟大的研究——发明炸药。

诺贝尔为了寻找让硝化甘油爆炸的引爆物,经历了多次失败,周围所有的人都嘲笑他的固执,连他的父亲和哥哥都不支持他,认为诺贝尔的研究不会成功。因为在他之前,别的科学家也曾经做过类似的实验,都以失败告终。然而诺贝尔没有放弃,而是更加细心地寻找失败的原因，经过多次实验，他终于发现用少量的火药可以引爆硝化甘油。

接下来，他开始研究更可靠的引爆方式，在失败了很多次以后，终于成功地发明了雷管，不仅是硝化甘油，任何火药都可以让其确凿无误地爆炸，这在爆炸技术上有着不可估量的作用，而代价是把他的实验室炸上了天。然而在接下来的日子里，诺贝尔却面临着巨大的压力：在接下来的研究中，为了改良炸药和雷管，诺贝尔的工厂多次发生爆炸事故，不但自己屡屡受伤，参与实验的工作人员也有多人不幸遇难，就连他的弟弟也在一次爆炸中死于非命。不只如此，运往外面的炸药也事故频频：先是在纽约市区一个装有硝化甘油炸药的箱子发生了爆炸，不但道路中央被炸出了一个大坑，连附近的建筑物也被破坏得一塌糊涂；不久，澳大利亚悉尼的一座炸药库也发生爆炸；几乎是在同时，在巴拿马海港，一艘运载硝化甘油的船也发生了大爆炸……事故接连不断地发生，而且大都造成了人员伤亡和财产损失，一时间，诺贝尔和他的炸药成了众矢之的，遭受到人们的强烈反对。

每发生一起事故，诺贝尔总免不了要受到众人的指责："制造这种危险东西的人简直就是疯子！"、"为什么要发明这种可怕的东西！"、"这是一个没有人性的家伙，他连自己的弟弟都炸死了。"诺贝尔几乎遭受到了所有人的仇视和反对。

然而诺贝尔没有退却，在巨大的压力面前他迎难而上，经过坚持不懈的实验，他终于发明了一种威力大、重量轻、易搬运、安全可靠、性能稳定的炸药，这种炸药的诞生也彻底打消了人们对诺贝尔的怀疑，人们又称赞他是"一位不向任何艰难困苦低头的青年发明家"。随后诺贝尔还发明了不怕任何碰撞摔砸，接近火源也不会爆炸，甚至可以在水下使用的胶质炸药以及无烟炸药。经过无数次的失败和无数次的坚持，诺贝尔终于成功了。

过程的曲折并不代表失败，拿破仑说过："胜利在最后五分钟。"只要你继续不断地努力，用百折不回的精神和执著的信念朝着目标迈进，终会有一天摆脱压力的困扰，走上成功的金光大道。

在成功的路上，我们会遇到很多的困难和挫折，这是上天对我们的考验，你应该做的不是诅咒和抱怨，而是坚持到底。成功是一件非常荣耀、非常难得的事情，它比钻石还要珍贵，因而也不可能太轻易地得到，总是会经过许多曲曲折折的波折；成功的路也不可能是一条也绝不可能是通天的大道、平坦的直路，成功的路注定弯弯曲曲，注定充满艰难险阻，有时甚至是黑云压城，让我们陷入绝境，但只要我们坚持下去，不气馁、不泄气，努力想方设法解决困难，冲破黑暗，成功最终还是属于我们的。

4. 不要轻易被困难和挫折打倒

习惯于半途而废的人总是那些轻易就被困难和挫折打倒的人。他们一旦遇到困难，遇到小小的挫折，就害怕了，就急于摆脱困境，跳出这种被动的局面，至于事情能不能办到底，能不能取得成功，他们就不管不顾了。因而他们也往往是最容易被成功抛弃的那些人。

相反，那些意志坚强、有恒心有毅力的人，任何困难和挫折在他们看来都不过是为成功所作的铺垫，面对任何困难和挫折他们都能想尽一切办法化解，绝不后退，绝不停步。而上天最终会眷顾他们，让成功与他们握手。

莎利·拉斐尔很早就立志于播音事业，但因为美国的许多无线电台都觉得女性不适合做播音主持，也不能吸引听众，因此没有雇用她。后来，她在纽约的一家电台找到工作，但不久就被辞退了，说她赶不上时代，结果她又失业了一年多。一天，她向一家国家广播公司的一位职员谈起她的清谈节目的构想："我相信公司会有兴趣。"那人说会向领导推荐她这位难得的人才，但此人不久就离开了国家广播公司。后来，她碰到该电台的另一位职员，再度提出她的构想。此人也夸奖是个好主意，但是不久此人也离开了。最后她说服第三位职员雇用她，这个人虽然答应了，但提出要她在政治台主持节目。

"我对政治所知不多，恐怕难以成功。"她对丈夫说。丈夫热情鼓励她尝试一下。第二年夏天她的节目终于开播。由于对广播早已驾轻就熟了，她便利用自己的经验和平易近人的风格，大谈她对7月4日美国国庆的感受，又请听众打电话谈他们的感受。听众立刻对这个节目产生了兴趣，她主持的节目一时之间成为最受欢迎的一档节目。通过自己的勤奋，她战胜了多次的挫折带来的压力而一举成名。

如今，莎莉·拉斐尔已成为自办电视节目的著名主持人，曾经两度获得主持界的大奖。

在美国、加拿大和英国每天都有八百万观众收看她的节目。"我遭人辞退十八次，本来大有可能被这些遭遇所吓退，做不成我想做的事情；结果相反，我让它们鞭策我勇往直前，终于实现了自己心中的梦想。"拉斐尔自豪地说。

已过世的克雷吉夫人说过："美国人成大事的秘诀，就在于敢直面人生中的困难。他们在事业上竭尽全力，对于失败冷静处之，即使失败了也会卷土重来，并立下比以前更坚韧的决心，努力奋斗直至成其大事。"

有些人遇到了一次困难便把它看成拿破仑的滑铁卢之战，从此失去了勇气，一蹶不振。可是，在刚强坚毅者的眼里却没有所谓的滑铁卢。那些一心要得胜、立志要成大事的人即使暂时失败了，也不以一时的失败作为最后的结论，还会继续奋斗，在每次遭到失败后再重新站起，比以前更有决心地向前努力，不达目的决不罢休。

有一位战士在团里是训练尖子，他对前途充满信心，为自己的军旅生涯描绘了一幅宏伟的蓝图。可是，他在一次障碍训练中不小心把大腿摔坏了，走路一拐一拐的，这位战士认为自己光辉的军旅生涯没有指望了，梦想破碎了，是全团最倒霉的人。从此，他终日无精打采，泪流满面，有几次想自杀，但都被战友及时发现并制止。

指导员给他做工作说："你太让我失望了，在我心中你一直是全连最优秀的战士，只要好好干，军校的大门永远为你敞开！"

"优秀？军校？"那个战士说，我的腿坏了，成了一个残疾人，我还能考军校吗？

"你要相信自己，你的腿没有坏，只是暂时有点行走不方便，你要相信未来，军校的大门永远为你敞开！"

连队把他分到炊事班，为了改善全连伙食，他养了十几头猪，母猪生猪仔时，他吃住在猪棚。他还利用业余时间锻炼身体，复习功课。第二年，他的腿慢慢好起来，他如愿以偿考上了军校。

当他去陆军学院上学时，他对指导员说："没有您当时的一席话，我就没有今天，我一生都会在心里感激你！"指导员笑了笑说："你不要感激我，你要感激你自己，挫折只是纸老虎，恭喜你，你用自信和坚强打败了那只纸老虎。"那个战士从军校毕业后又回到曾经战斗过的地方并连续获得好评。

是的，困难和挫折其实都是纸老虎，看起来吓人，实际上什么都不是，我们不要轻易被这只纸老虎吓倒，更不能被它打倒。一旦你鼓起勇气，向困难和挫折挑战，它们就会乖乖地为你让道。

一个人是不可能永远顺利的，困难和挫折任何人都会碰到，任何时候都会碰到，没有谁的成功一帆风顺，更没有谁的成功没有经历过困难和挫折。成功的关键不在于你遇到了什么困难和挫折，而在于你怎样面对困难和挫折。你勇敢地面对它，向它挑战，它就是纸老虎，一捅就破；你害怕它，逃避它，它就威风凛凛，不可一世，让你臣服于它的脚下。所以，要树立信心，鼓起勇气，勇敢地面对一切的困难和挫折，困难就会被我们踩在脚下，成功就会向我们微笑。

5. 成功路上必须坚持，坚持，再坚持

大才子苏东坡有一句话："古之成大事者，不惟有超世之才，亦必有坚忍不拔之志。"坚持是一种品质，一种披荆斩棘、无所畏惧、坚韧不拔、直达成功的品质，也是一种不达目的不罢休、不到黄河心不死的习惯，正是这样的习惯，才能让人们勇敢面对一切，排除所有干扰，冲破一切艰难险阻，一直向着成功进军，最终收获成功。

梦想总是美好的，但是梦想之路总是艰辛的。每个人的成功都不是那么随随便便的，没有人可以不付出努力就取得成功。很多人都失败在了追梦的路上，因为没有坚持下来，最后白白受了一大段苦。成功没有捷径，成功需要不断的努力，不断的奋斗，这就要求你必须坚持下来，唯有坚持下来才能取得成功。

1982 年，18 岁的马云第一次高考失败后下海谋生，先后当过秘书、做过搬运工。一次偶然的机会，马云在帮浙江舞蹈家协会主席抄文件的时候接触到路遥的代表作《人生》，这本书迅速改变了马云的思想，马云从书中体悟到"人生的道路虽然漫长，但关键处却往往只有几步"。于是他下定决心，参加第二次高考。

1983 年 19 岁的马云二次高考依然失败，总分离录取线差 140 分，但受排球女将永不言败的精神激励，准备参加第三次高考，因为家人反对只得白天上班，晚上念夜校，但决心永不放弃。

1997 年马云第一份事业"中国黄页"，由于各种原因失败，这年马云 33 岁。

1999 年在北京，马云遭逢人生的第二次创业失败。

1999 年 2 月，在杭州湖畔家园马云的家中召开了第一次全体会议，18位创业成员或坐或站，神情肃穆地围绕着慷慨激昂的马云，马云快速而疯狂地发表着激情洋溢的演讲："黑暗中一起摸索，一起喊叫，我喊叫着往前冲的时候，你们都不会慌了。你们拿着大刀，一直往前冲，十几个人往前冲，有什么好慌的？"在这次会议上马云说："我们要建立世界上最大的电子商务公司。"

只有50万创业资金，他们没有租写字楼，就在马云家里办公，最多的时候一个房间里坐了35个人。他们每天16—18个小时如同野兽一般在马云家里疯狂工作，日夜不停地设计网页，讨论网页和构思，困了就席地而卧。马云不断地鼓励员工说："最大的失败是放弃，最大的敌人是自己，最大的对手是时间。"

马云说："今天很残酷，明天更残酷，后天很美好。但大多数人死在了明天晚上，看不到后天的太阳。"这个身材短小，其貌不扬，不懂电脑不懂财务的"特别人物"靠坚持、坚持、再坚持，成为了全球最大的B2B网站的CEO，创下了一个辉煌的阿里巴巴帝国。

成功是什么？成功就在于你把从起步到终点之间的路程全部走完了，成功自然而然就来了。但是很多人坚持了九十九步，临近最后成功的一步时却放弃了。所以，大多数人就成了平凡的人，而那些以坚强毅力坚持下来的人，走完了第一百步，所以他们取得了令人羡慕的成就。

"看似平常最崎岖，成功容易却艰辛"。在这个世界上，没有一帆风顺的事情，人生难免遇到一些波折，要是一遇困难就退缩，或者觉得自己在这方面不会有成就，没有坚持不懈的努力，就不可能成功。当我们遇到困难时，请记住：失败是对追求者的考验，成功是对坚持者的回报。不管遇到什么样的困难，都应当要坚持一下、再坚持一下。坚持就是胜利，坚持就是成功的秘诀！

1948年，牛津大学举办了一个"成功秘诀"讲座，邀请到了当时声誉已登峰造极的丘吉尔来演讲。丘吉尔不仅是一名杰出的政治家、外交家，还是一位著名的演说家，十分推崇面对逆境坚持不懈的精神。

在正式演讲的前三个月，媒体就开始炒作，各界人士翘首以盼。这一天终于到来了，会场上有上万名学生，准备洗耳恭听丘吉尔的成功秘诀。

丘吉尔用手势止住大家雷鸣般的掌声后，说："我的成功秘诀有三个：第一，决不放弃！第二，决不、决不能放弃！第三，决不、决不、决不能放弃！我的演讲结束了。"

说完，丘吉尔就走下讲台。会场在沉寂了一分钟后，爆发出热烈的掌声，经久不息。

在工作中，我们遇到困难时，要坚持不懈、永不放弃地走下去，这样我们才能在工作中取得优异的成绩。如果我们遇到问题就放弃，那么我们永远都不能成为一名优秀的员工，更不要说干大事了。我们只有永不放弃，才能在职场上取得佳绩，才能改变自己的命运、成就自己的梦想。

困难是常有的，挫折是常见的，失败是正常的，在成功的路上，什么事都可能会遇到，关键在于你是不是能坚持、坚持、再坚持！坚持到最后，胜利就属于你，成功也属于你！

第十四章

只会苦干，不会巧干
——低头拉车更要抬头看路才能获取成功

会办事，事半功倍；不会办事，事倍功半。只会苦干不会巧干也是难以成功的。所以，要想成功，要想把工作干出成绩，不仅需要勤奋、需要努力，需要实干苦干，更需要巧干会干才行。只有养成讲究工作方法，追求工作效率，愿干能干还会干，实干苦干更巧干，既能低头拉车，也会抬头看路，才能真正把工作干到最好，让自己赢得成功。

1. 低头拉车更要抬头看路

俗话说:“低头拉车,更要抬头看路。”因为只顾低头拉车而不记得抬头看路,只会埋头苦干不会想法巧干的人,是难以有大的成就的,他们只会吃力不讨好,人快累死了,却了无成绩。有着苦干的习惯、却从来不会巧干的员工一定要改掉这样的习惯才行。这样的“老黄牛”可能会是一个好员工,但绝不可能有大成就。

毕业于名校的刘钊一直坚信要靠能力说事,在学校看成绩,到了工作单位就要看业绩。于是在办公室里,他成了名副其实的拼命三郎,每日埋首工作。工作多的时候,团队中一些游手好闲者常常叫苦不迭,而此时,刘钊总是挺身而出,大包大揽地替别人干活儿,他认为:年轻人多干点儿没什么不好,又累不死,还能多锻炼自己呢。

渐渐地,他除了干自己的本职工作,还要收拾许多烂摊子,有时甚至一加班就到晚上十点,别的同事都忙着在领导面前展示自己,他却总缩在自己的办公桌前,疏于和领导沟通。一次,在给领导上报的材料中,他算错了一个重要数据,领导十分生气地说:“每天就看你瞎忙,也不知道忙的是什么,自己的工作出这么大漏洞,你自己好好检讨一下吧!”刘钊觉得很冤,自己一直以来埋头苦干,不被领导赏识不说,反倒挨了批,真是累死不讨好。

刘钊的职业目标显然是落个老好人的名声即可!“多干即是多锻炼”

的观念不错，但“锻炼”的是什么，刘钊并没有回答上来。他抱着模糊的观念，来到现实的职场，遭遇挫折，也是必然。

职场中不抬头巧干，就不是一个好员工。抬头是指适应周围的人际环境，做到与同事、领导的沟通。巧干是指了解和熟悉物理工作环境，了解自己的知识和能力，把工作做得有声有色。

低头拉车是必要的，勤奋踏实是职场成功的不变法则，但光顾着低头拉车，而从来不想着抬头看路，肯定不利于成功。现实中很多“驴子”就是因为“只顾低头拉车，没有抬头看路”而疲于奔忙。

事实上，只想着苦干而不会巧干，和只知偷巧而不会苦干一样，都会事倍而功半，而只有苦干与巧干相结合才能事半功倍。也就是光低头拉车，或是光抬头看路，都于成功不利，只有既低头拉车，又抬头看路，才是成功的捷径。

唐朝时有一个很著名的关于李白小时候的故事。少年李白是一个非常贪玩的孩子，上学时经常逃学。有一天他逃学到河边玩，正巧碰到一个老婆婆拿着一根粗铁棒在石头上磨来磨去。小李白十分好奇地问：“老婆婆，您磨这个铁棒干什么呀？”老婆婆满怀自信地回答：“我要把它磨成一根针用来缝补衣服啊。”小李白又惊奇地问：“那可能吗？铁棒这么粗，要磨到几时才行啊？”老婆婆慈祥地说：“孩子，只要用心去磨，总有一天会把它磨成针的。”李白听了老婆婆的话以后，若有所悟，挥毫写下了一句诗：“只要工夫深，铁棒磨成针。”从此刻苦努力，终成一代诗歌奇才。

这个故事激励了无数的人向着自己的梦想和目标执著努力。但是只要认真想一想，就会发现“老婆婆把铁棒磨成针”这件事真是一个蛮干、傻干、苦干、吃力不讨好的典型事例。一根针值多少钱？值得花这么多功夫吗？把铁棒磨成针要多少时间？恐怕至少得一个月吧，用一个月的时间来创造一根针的价值，有意义吗？花那么多的功夫把一根作用无穷的铁棒磨成一根针，纯属浪费。不管从哪方面来看，这都是件费力不讨好的事情。这样的事情如果是今天的员工来做，估计早被老板炒过一千次鱿鱼了。

对于成功，苦干是必要的，但苦干不是一味地埋头，而从来不抬头看路，这样只会南辕北辙，离成功越来越远。比如种地，就是一件需要苦干的事情，但如果没有掌握方法，没有学会巧干，不会用现代化的农机具，不会使用最优良的种子，不懂得科学施肥，你再辛苦还是收不到与别人一样多的谷子。

所以，小到干成一件事情，大到干出一番事业，光苦干是不行的，一定要加上巧干。即一方面要有勤奋努力的态度，同时还要注意干事的策略、方法、技巧，只有两者齐头并进，才能既快又好地把事情做成。

所以，作为普通员工，不仅要努力苦干实干，更要学会巧干会干。开动脑筋，改掉只顾埋头拉车的习惯，养成巧干的习惯，用思维开路，用脑子获胜，成功才能更近。

2. 只会苦干难以成功

头脑是人与人最大的差距所在，所谓思路决定出路，一个人成功与否最关键的，就取决于自己的思维，自己的思路。思想一变天地宽，同样的事情，爱想、爱抬头看天的人总能想到比别人更好的办法，因而他们更容易成功。只会埋头苦干的人，即使再努力再勤奋，也难以有所成就。这就是因为他们只会用最笨的方法来解决问题，只会出傻力气，不会巧干，即便成功就在眼前，也会与之失之交臂。

法国科学家约翰·法伯做过这样一个著名的“毛毛虫实验”。

他找的这种毛毛虫有一种“跟随者”的习性，总是盲目地跟着前面的毛毛虫走。法伯把几只毛毛虫放在一只花盆的边上让它们首尾相连，围成一个圈。花盆周围不到150毫米的地方，撒了一些毛毛虫喜欢吃的松针。毛毛虫开始一个跟着一个绕着花盆，一圈又一圈地走。时间一分一秒地流逝着，一天过去了，毛毛虫们还在不停地坚忍地沿着花盆打转。一连走了七天七夜，这几只毛毛虫终因饥饿和精疲力竭而死去。这其中，只要任何一只毛毛虫稍稍与众不同，向旁边探一下头，或是抬起头来看一下，便立即会摆脱困境，吃到美味可口的松针。但可恨的是，居然所有的毛毛虫都饿死了！

可见不会思考，不善于想办法，只会傻干、蛮干，是绝不可行的。就像那些只埋着头拉磨的驴，只会一步接着一步地围着一个圆圈，倔强而又勤劳地走着，忙碌而又悲哀，却永远没有成就，永远没有成功。

可是，如果我们去仔细调查一番，便会发现社会上的绝大多数人果然都是在埋头苦干中生活的，他们依着固定的模式，日复一日地做着相同的工作，向着前面努力地走，从来没想过要抬起头来看一下路走得是否正确，或是还有更好的路。这样的人，即便再努力，也绝不会有大的成就。

爱迪生有一位助手叫阿普顿，是普林斯顿大学的高材生。一天，爱迪生正忙于一项研究，需要一组数据，就请阿普顿来协助，帮他计算一只梨形玻璃灯泡的容积。阿普顿拿起尺子仔细测量，照灯泡的样子绘了图形，运用了一大堆计算公式认真地演算。两个小时过去了，他累得昏头昏脑，结果依然没有求出来。爱迪生看着写满算式和数字的稿纸，笑着说："换个方法试试看。"阿普顿嘀咕道："还有什么好方法？这里已列出了所有的方法了。"爱迪生拿起一杯水，将梨形玻璃泡缓缓注满，递给阿普顿说："你去把这里的水再倒进量杯，量出水的体积，也就得出玻璃灯泡的容积了。"

俄罗斯有一句谚语："巧干能捕雄狮，蛮干难捉蟋蟀。"巧干远远胜于肯干实干蛮干。任何事，只有找到方法，用对方法，才能事半功倍，效率大增。所以成功永远属于那些既能苦干又会巧干的人，只有他们才会以最少的辛劳得到最大的回报，以最好的方法取得最大的成功。

在中国南方的某个大城市里，一家海洋馆开张了，50元一张的门票，令一些人望而却步。海洋馆开馆一年，几乎门可罗雀，最后投资商不得不低价转让出去。新主人入主海洋馆后，在电视和报纸上打广告，征求能够使海洋馆起死回生的金点子。一个女教师来到海洋馆，给经理出了一个点子，果然，海洋馆的生意很快好起来。1个月后，到海洋馆参观的人天天爆满，生意很快好起来。其中，有1/3是儿童，其他则是带着孩子的父母。3个月后，亏本的海洋馆开始盈利。是什么点子有这般奇效？女教师出的点子其实很简单：儿童参观一律免费。

一个很不起眼的小点子，就能出奇制胜，使生意起死回生，这就是智慧的力量，这就巧干的妙处。方法用对了，一切问题都可以迎刃而解，一切阻力都不再是障碍。

光会苦干，不论你多么努力，也不会有好的业绩，也难以成功。因为一味地低头拉车而不会抬头看路，只出苦力不会出巧力，就会累死不讨好，甚至还会把方向跑偏，怎么会成功呢？

3.

成功不仅要能干肯干，更需要巧干

生活中，有人日出而作，夜深而息，一天埋头苦干十一二个小时。但结局呢？一生平庸，碌碌无为。有人却深谙巧干胜于苦干的奥妙，他们忍受不了日复一日、年复一年的辛苦蛮干，认为总会有更简单、更轻松、更快捷的方法。要记住：实干加巧干，才能获得成功。

成功其实是一件需要很多因素的事情，机遇、能力、努力、人脉……缺少一个，也许成功就会与我们擦肩而过。如果一个人具有聪明的资质，内在的干劲，无畏的勇气，勤奋的工作态度和坚忍不拔的精神，再加上大胆创新的思考，成功没有理由不找你！

成功需要努力，需要能干，需要肯干，需要实干，这是永恒不变的成功真理。但仅仅努力、苦干、实干，却依然还是远远不够的。所以我们不仅要努力，还需要不断地变换努力的方式，也就是除了能干、肯干、实干之外，还需要巧干。只有巧干才能事半功倍，只有巧干才能效率倍增，只有巧干才能更快接近成功。

福海集团总裁罗忠福在17岁时，被分配到贵州极为偏远的大山中去走与工农相结合的道路。那地方可以说是中国当时最为贫困的地区之一，挑担水要走几十里山路；有时，一个月都吃不上一口粮食，只靠仅有的瓜菜充饥。那时，许多知青都安于现状，埋头苦干。罗忠福并不怕苦，却不甘心自己年轻的生命永远被埋没在大山里，他要抗争，要抓住命运的机会，要为自己争取一个新的世界。

一天，省城一位记者来大山采访知青生活，这成为一个改变罗忠福命运的机会。他要做一件事，一件能在大山里众多知青中引人注目的大事。罗忠福用当时仅有的10元钱，买了一桶红漆，在记者到来的日子，跑到他们必经的山路段，在悬崖上用粗绳把自己坠下，在峭壁上写下了五个鲜红的大字：毛主席万岁。

这一“勇敢”的举动正好被路过此地的省报记者看到并拍下来，于是，罗忠福出了名，成为先进典型。

后来，他回遵义探亲，无意中看到城里有人以9角钱1斤的价格收购槐树籽，不禁想起自己插队的大山里到处是槐树，何不让农民们收集槐树籽后，以3角1斤卖给自己，然后再出来卖。大山里的农民做梦也没有想到世世代代烂在山沟里的槐树籽还能卖钱，纷纷进山去采集。罗忠福预备了一条大麻袋，每收满一袋，就利用回遵义的机会运进城里卖掉，时间一长，居然也积累了不少钱。这成为他掘到的第一桶金，他就用这些钱起家，一步一步把事业做大，收获了人生的成功。

巧干是一种分析判断、解决问题和发明创造的能力，是敏锐机智、灵活精明的表现，也是充满活力、随机应变的智慧。巧干是抓住了事情的关键，并找到了有针对性的方法的结果。巧干既可以减少劳动量，又可以达到事半功倍的效果。

不要以为巧干就是投机，就是取巧，巧干只是聪明地干，提高效率地干，所以，千万不要把投机取巧当成是巧干。巧干就是用最省力最省钱也最省时间的巧妙方法来工作，以使工作达到最大效率。巧干是充分地运用智慧，巧用资源、巧用方法、巧妙运作的实干，在巧干中贯穿着踏实的作风，在实干中闪烁着智慧的光芒。

巧干就是忙要忙到点子上，不能瞎忙；干要干得有效率，不能空干；勤要勤得有价值，不能白勤！巧干就是井井有条地干，轻松高效地干，从而把工作干好，把事业干大，把成功握住。

所以，愿干肯干苦干实干还不够，还需要加上巧干，养成巧干的习惯。当你习惯于肯干实干苦干，又懂得巧干轻松地干，那么就再没有任何东西可以阻挡你走向成功了。

4. 努力想办法，就会有办法

办法是想出来的。所谓方法总比问题多，只要愿想，只要努力去找方法，就一定会有办法，不管多难的问题也能找到解决的方法。戴高乐将军说："眼睛所到之处，是成功到达的地方，唯有伟大的人才能成就伟大的事，他们之所以伟大，是因为决心要做出伟大的事。"

这些人懂得怎样去思考，懂得思考的人就会是生活中的强者，思考会使他们处于不败的地位。

有家国外的摩托车公司，想了各种促销办法、耗费了大量的资金和人力提升产品销量，但销量丝毫没有提升。看上去，他们的销售手法似乎并没有什么问题。产品的主要消费者是年轻人，且公司生产的摩托车无论从质量还是性能上，都相当不错，按理说，销售不应该这么糟糕。

那么问题到底出在哪里呢？

有一个销售员，为了改变这种状况，做了大量的市场调查。结果他发现，很多年轻的消费者都透露了这样一种想法：自己最想要的还是汽车，现在骑摩托车，不过是经济条件有限而不得不暂时做出的选择。

了解了这一点，他不由得想：过去公司为了提高销量，把着重点放在了提高摩托车的质量上。但这样一来，消费者看到他们生产的摩托车越来越耐用，很可能就会产生一种抵触心理：用这样的摩托车，何时才能换成一辆汽车啊！

针对消费者的购买心理，他向公司建议：与其投入大量的资金用于摩托车质量的提升和对此进行宣传上，不如改变一下策略，将重点放在让自己的摩托车能够给大家带来对汽车的联想上。

公司采纳了他的建议，在生产的摩托车上装上了类似于汽车悬挂的大号码牌照和汽车使用的汽笛。

结果，这种新型的摩托车一上市，立刻受到了广大年轻人的青睐，销量节节攀升。

办法是想出来的，只要愿想，任何事情都有解决的办法。所谓方法总比问题多，想办法就会有办法，说的就是这个理。

每个人在工作中，都会碰到一些难题，有时甚至让我们束手无策。但是千万要相信，方法永远比问题多，只要愿想，总有解决难题的方法。成功者都是善于发现问题、分析问题并妥善解决问题的人，所以，任何问题在他们的面前都不再成为问题,都能找到解决的方法。当一个人养成了面对任何问题都积极地想办法的习惯,成功对于他来说就不过是时日问题了。

1993年,张大中在玉泉路上开办了一个音响城,生意火爆得连他自己都不相信。但是问题来了,许多顾客在他这里买完音响,还要去别的地方买其他配件,这些也是生意啊,丢了多可惜。他考察了一下,居然发现偌大一个北京城,卖音响的店没有一家大到能够把所有的品牌、零配件集中起来销售的。张大中在想,如果能够做一个大型的音响城,顾客进来之后能够选购到国内外各种各样的音响,该是多有吸引力的一件事啊。于是,他把玉泉路一家几万平方米的商场租了下来,成立了一家大中音响城。半年之后,京城老百姓都知道玉泉路有个最大的音响城,里面所有的音响一应俱全,选择余地很大。就这样,他的音响城一炮而红。

过了一段日子,张大中又发现了问题,如果只卖音响,虽然专业,能够吸引到不少顾客,但毕竟经营范围还是狭窄一些。如果把和音响同属于家电的其他产品也作为经营范围,那岂不是能吸引到更多的普通老百姓?张大中想到了就去做,他把玉泉路的音响城改成电器城,顾客果然慕名而来,营业额节节攀升。

张大中马上又发现了其中的机会。很多顾客过来买电器,图的是品种全,价格便宜,但是受地理位置的影响,很多距离远的顾客并不一定方便过来。而且,北京很大,在玉泉路开店能赚钱,在别的人多的地方开店也能赚钱。于是,张大中在北京城里各处开了连锁店,成为当时北京市最大的家电连锁企业。其实那个时候,连锁的概念并不是普遍流行,但是张大中通过对市场的研究和思考,最终走上了连锁经营的道路,“大中电器”也因此成为极其著名的商业品牌。

鲁迅先生说过一句广为人知的名言:“时间就像海绵里的水一样,只要愿挤,总是有的。”其实办法也和时间一样,就像海绵里的水,只要你愿意去想，办法总是有的。

拼命不如聪明，勤奋未必成功。只有善于想办法，才会有办法，才能把工作做得更好，把事情办得更圆满，也才能使人生更成功。

5. 用对方法，成功就会变得简单

思路决定出路，好思路造就美好人生。在遇到一个难解的问题时，我们如果积极开动脑筋，不固守常规的思维模式，就可能迅速地找到问题的解决办法，开辟出一条全新的路。当你找对方法，用对方法后，成功就不再是一件多么难的事情了。

安德烈·雪铁龙是法国雪铁龙汽车公司的创始人，他可算得上是个思路活跃的人。

在第一次世界大战爆发的时候，36 岁的雪铁龙应征入伍，被任命为炮兵少尉。当时，在前线法军出现了炮弹短缺的局面。雪铁龙提出要建造一座日产两万发炮弹的工厂，这个建议很快获得了批准。可是在那个炮火连天的战争年代，想要日产两万发炮弹谈何容易？所有的精壮劳动力都应征到前线去作战了，哪里还有人来造炮弹呢？

按照一般人的思路，没有劳动力是个很难突破的条件限制，可是雪铁龙创新性地雇用妇女工作。在当时，人们对妇女普遍抱有偏见，认为她们根本干不了什么大事，在家缝缝补补还可以，怎么能去造炮弹呢？

可是雪铁龙不顾别人的反对，开始利用这一别人根本不会想到的资源。事实证明，女子并不输于男子，从开始试生产到正式生产的短短几个月中,炮弹日产量就由1万发上升到了5.5万发。

雪铁龙的思路并没有止步于此。在战后,他向众人夸下海口:“以后要每天生产100辆汽车。”几乎没有人相信他,大家认为这个人疯了。

雪铁龙是认真的,但他也确实看到了问题。面对自己经验不足、战后人们的购买力低下等条件的限制,他构思了一系列的创意。

首先他聘请了一位汽车高级工程师作为他的帮手,而后面对人们购买力低下的状况,他专门走“低价”路线,生产耗油量少的汽车。这不仅降低了自己的成本,也让更多的人能够买得起汽车。与此同时,雪铁龙汽车公司也正式挂牌成立。

在对公司和产品的宣传方面,雪铁龙也是在有限的资源中,想出了巧妙的创意。第一次世界大战结束后,法国所有公路上的交通标志几乎都已损坏。雪铁龙决定以公司的名义向法国政府提供各式路标并设立在全法国的公路上,不仅帮助法国政府解决了交通管理上的难题,这些路标也成了雪铁龙公司的宣传广告。

这样一路走来,雪铁龙用自己的创意解决了一个又一个的难题,使雪铁龙汽车公司成为欧洲第二大汽车制造公司。

方法对头,工作才能对头,成功才能更容易。成功的人和不成功的人就差一点点:成功的人可以无数次修改方法,但绝不轻易放弃目标;不成功的人总改目标,就是不改方法。

而方法对于成功却是至关重要的。方法用对了,成功就简单多了。方法不对,再大本事、甭多用劲,也不给力,解决不了问题,得不到成功。

风靡全国的电视剧《亮剑》中的李云龙,就是一个善用方法的人,也因为他善用方法,才能每次都打个漂亮仗。

李云龙表面上看起来是个大老粗,没多少文化,做事情、说话粗鲁,但其实内在的李云龙是个非常细心、非常聪明的人,他做事情考虑得非常的周密，讲究方法，很多方法是其他同志所想不到的。往往别的团长打不了胜仗，困难重重，而到了他的手上，却完全是一个不同的局面。这就是李云龙的长处，也是他最能打胜仗的根本原因。

在工作中我们往往会遇到这样或那样的问题，而有的问题甚至非常难处理，这就需要我们多动脑子，多想办法，没有什么事情是解决不了的，有的时候甚至难事反而是好事，就看自己怎样去面对，如何去处理，方法总比困难多，怕就怕不想方法或是方法不对。只要方法用对，成功就不是问题了，哪怕你没有刻意去追求机会，机会也会主动找上门来，成功就绝不会旁落他手。

第十五章

改掉坏习惯，养成好习惯
——让你的成功无人可挡

习惯本身无所谓好坏，但不同的习惯却会导致不同的结果：促进好结果的就是好习惯，引发坏结果的自然就是坏习惯。好习惯是促进成功的助力器，而坏习惯却是阻碍成功的绊脚石。因而只有改掉坏习惯，养成好习惯，才能让习惯助力我们的工作，为成功插上腾飞的翅膀，让我们的成功无人能挡！

1. 没有人可以限制你成功，除了习惯

前面我们已经说过，习惯具有强大而顽固的力量，它能轻易地左右我们的人生，决定我们的未来，改变我们的命运，也决定着我们的成败。在现实生活中，习惯无时无刻不影响着我们的思维方式和行为模式，不管什么时候，我们所做的任何一件事都烙上了习惯的印痕，都是习惯作用的结果。喜欢吃什么不喜欢吃什么，喜欢穿什么不喜欢穿什么，喜欢什么人不喜欢什么人，喜欢干什么不喜欢干什么……无一不是习惯使然。

其实习惯就是因为重复多次而形成的一种近乎僵化的行为方式，本身无所谓好坏。但不同的习惯却会导致不同的结果，促进好结果的就成了好习惯，引发坏结果的自然就是坏习惯。好习惯能规范人的言行，提升人的素质，提高劳动生产率，增大成功几率，成为促进成功的助力器；而坏习惯则像腐蚀剂，慢慢地腐蚀心灵，弱化进取之心，成为阻碍成功的绊脚石，甚至毁灭自己。自然界中很多动物甚至植物的生存和灭亡，无不因为习惯。

生活在北美的秃鹫是一种勇猛无比、又擅长高飞的大鸟。不过，它有一个习惯，就是起飞之前必须在地上先助跑三四米，然后才能飞起来。猎人们熟知它的这一习惯，在捕获秃鹫后，把它关在只有1平方米大小的围栏中就可以了，围栏的顶部完全敞开着，也不用担心它飞跑。因为秃鹫被困在狭小的围栏里无法进行习惯性助跑，它便永远放弃了起飞的念头，只有任人宰割了。

在非洲的撒哈拉大沙漠，骆驼是主要交通工具。在骆驼刚刚出生后，人们就用一根缠着红线的鲜艳木桩拴骆驼，它拼命拽绳子，想把木桩拔出来，但总以失败告终。尔后，人们坐在木桩上，手拉住红线牵骆驼，骆驼又是拼命地拽，人们拉紧绳子又将它制服了。就这样经过反复多次，骆驼也就很习惯了，就不再与主人抗衡。于是人们只要拿着一个拴有红线的小木桩往地上一插，它便围着小木桩转来转去，驯服地听候主人召唤。

据说，在沙漠行走的驼队一旦遭遇沙尘暴，主人就迅速将骆驼围拢，拴在一个小木桩上，骆驼可以一动不动地熬过沙尘暴。不过如果一旦主人被沙尘暴卷走，骆驼也会因为寸步不离被活活饿死，这也是习惯产生的悲剧。

开得艳丽无双的花其实并不是为了好看，而是为了吸引蜜蜂和蝴蝶来帮它们传播花粉；结出香甜美味果实的植物更不是为了给人类做贡献，而是希望有动物来食用，之后将种子带向更远的地方；还有一种叫苍耳的植物，为了使种子播撒得更远，甚至养成了见什么就挂住什么的习惯……

一切都是习惯，成也习惯，败也习惯，生也习惯，亡也习惯。可见习惯真是具有强大的力量。作为万物之灵的人，其实也免不了受习惯左右的命运。世界上很多伟大的人物，他们的成功都源于他们有很好的习惯。

牛顿为什么成为科学家？那是因为他即使是遇到树上掉下的烂苹果，也要问问："它是从哪里来的？"正是这种对任何问题都不放过的习惯使他如饥似渴地不停探索着大千世界的神奇，并最终发现了一个又一个的地球秘密。

达·芬奇为什么能成为世界上最伟大的画家？就因为他养成了精益求精、尽善尽美的习惯。他曾经为了把一个鸡蛋画好而画过1万多幅草图。正是这种细致的习惯，使他的画细腻柔和，别具一格，使他成为了最伟大的画家之一，不仅留下了蒙娜丽莎那样永垂不朽的杰作，还有各种各样的精美画作留给后世。

而一些伟大人物的失败，又何尝不是因习惯使然呢？

曾经战无不胜的拿破仑最终却在滑铁卢输掉了自己的一切，究竟是什么原因使曾经的“战神”拿破仑遭遇如此惨败呢？英国一本新书《拿破仑的痔疮》中说，痔疮是让拿破仑在滑铁卢战役中失败的真正原因。

作者在书中写道，拿破仑患有痔疮，当时最流行的疗法是用水蛭吸痔疮的血，以减轻病人的痛苦。滑铁卢战役前两天，医生把水蛭弄丢了，最后只好给他吃止痛药。止痛药效果不大，痛得拿破仑没办法骑马去前线，贻误了战机，吃了败仗，还被放逐到了圣赫勒拿岛，最后死在岛上。

诱发痔疮的原因很多，其中最主要的原因就是每次排便时间过长。蹲厕时间过长，可直接导致直肠静脉曲张，瘀血，形成静脉团(医学称为痔疮)。拿破仑之所以会患上痔疮，却是因为他爱思考的习惯。爱思考是好习惯呀，怎么反倒促成了他的失败呢？这是因为拿破仑不仅爱思考，而且爱蹲在厕所里思考，他认为只有这个时候才是他最清醒、最理智、周围也最安静、最有利于他思考的时候，因而，他一遇到重大问题，就蹲进厕所里去思考，久而久之，痔疮便找上了他。

一个跃马扬鞭、驰骋疆场、挥斥方遒的大人物，竟然因为小小的痔疮而输掉了一场至关重要的战役，输掉了一生的成就，实在是令人匪夷所思。从某种意义上说，是小小的痔疮改变了拿破仑的人生和整个人类的历史进程，而更恰当一些，我们应当说，是拿破仑在厕所里长时间思考的坏习惯毁掉了他的一切！

习惯对于每个人来说是极为重要的。休谟认为，“习惯是人生最大的指导”；培根认为，“习惯是人生的主宰”；陈鹤琴说：“习惯不是一律的，有好有坏。习惯养得好，终身受其福；习惯养得不好，则终身受其累。”许多人的成功并非是智商特别高或是机遇特别好，而是他们有着无数个可以促使他们成功的好习惯；无数人的失败也并非上天真的不曾眷顾他们，而是他们有着这样或是那样足以阻碍他们成功的恶习。

成也习惯，败也习惯。在很多时候，决定我们成败的不是机会，不是能力，不是勤奋，也不是关系，而是习惯。所以，没有人能促进你的失败，除了习惯;也没有人能限制你的成功,除了习惯!

2.

坏习惯要用好习惯来代替

荷兰著名思想家伊拉斯谟说:“一个钉子挤掉另一个钉子,习惯要用习惯来代替。”就是说要养成好的习惯,就必须克服一些坏的习惯,只有用习惯才能代替习惯。有一个关于大哲学家苏格拉底的传说也表达了同样的意思:

传说有一天,苏格拉底带着一群学生来到了一片草地,并坐下来讲课。四周青草苍翠茂盛。

苏格拉底讲着讲着忽然问弟子们:“你们说说看,如何能把这些草清除干净?”

一个弟子首先开口说:“只要用铲子就够了。”哲学家点了点头。

另一个弟子接着说:“用火烧也可以。”哲学家微笑了一下,示意下一位。

第三个弟子说:“撒上石灰就会除掉所有的杂草。”

接着讲的是第四个弟子,他说:“斩草除根,只要把根挖出来就行了。”

等弟子们都讲完了,苏格拉底站了起来,说:“课就上到这里,你们回去后,按照各自的方法去清除一片杂草。没除掉的,一年后,再来一聚!”

一年后,他们都来了,不过原来相聚的地方已不再是草地,它变成了一片长满谷子的庄稼地。

苏格拉底说:“你们的草地清除干净了吗?”

弟子们有些不好意思地摇摇头。

苏格拉底又问他们:“看到这里有什么不同了吗?”

弟子们说:“杂草没了,全长成了庄稼。”

苏格拉底这才微笑着说:“现在明白了吗? 清除杂草的最好方法,不是拔,不是烧,也不是挖,而是在上面种上庄稼!”

这个故事启示我们:要想清除一种坏习惯并不容易,然而我们可以用一种好的习惯来代替。根据对强迫性地咬手指甲的人的研究显示,要让他们完全放弃他们的习惯非常困难,而让他们用更有益的习惯——修饰他们的指甲来替代咬指甲就容易得多。

如果你有目的地选取了用好习惯去取代坏习惯,那么,改掉坏习惯将变得容易许多。

以抽烟为例,很多有烟瘾的人都觉得戒烟实在是一件难之又难的事情,但是我有一个朋友,就是用嗑瓜子这种简单的方式来取代抽烟,并且顺利地戒掉了烟瘾。每次受到香烟的诱惑时,他就强迫自己嗑几颗瓜子,久而久之,他的烟瘾没有了。虽然他养成了嗑瓜子的习惯,但显然,这个习惯比抽烟好多了。

还有一位朋友,他的坏习惯则是晚上要躺在床上看着电视入睡。为了改掉这个坏习惯,他决定用看书取代看电视,直到自己睡意袭来后入睡。于是他找了许多自己爱看的书放在床头,并且把电视移出了卧室。没有多久,他就改掉了睡前看电视的坏习惯。

可见培养新的习惯来代替旧的习惯并非难事,只要你愿意。正像钉子要用钉子来挤掉一样,习惯用习惯来代替就容易得多。很多世界著名的成功大师都认为:一种新的习惯,如果能坚持 21 天,你再做这件事时,就会觉得容易多了。无论什么样的坏习惯,如果你能找到一个好的习惯来代替它,并坚持 21 天,你的新的、好的习惯就会形成。如果你已经重复过 21 天的事情突然在第 22 天中断,你又会觉得不舒服,不对劲,缺了点什么。原因很简单，这件事已经变成一种习惯。

当新的习惯养成后，那就无须再用大脑思考来指挥行为了。新的好的习惯必定能使生活有一番新的状态和面貌。再看看那些不好的习惯，可能早就消失得无影无踪了。

当你一点一点地、一天一天地，用一个钉子取代另一个钉子，用一个好习惯取代一个坏习惯，成功一定会在不远处等着你。

3.

养成好习惯，成功就无人可挡

古往今来，凡是有所成就的人，必然具备良好的行为习惯。反之，那些一生庸庸碌碌、没有什么成就的人，大多都缺少良好的习惯。所以，我们要改变自己的命运，就要丢掉坏习惯，培养好习惯，并凭借好习惯的力量去搏击命运，赢得成功。当你养成了良好的工作习惯，你的成功也就无人可挡了。这是被无数成功者无数次证明过的真理。

托马斯·爱迪生是人类历史上最伟大的发明家，他一生共创造了1093项发明，包括白炽灯泡、留声机、电影等。在大家眼里，爱迪生堪称天才，但他却把成就归功于勤于思考的习惯。爱迪生说："缺乏思考习惯的人，其实错过了生活中最大的快乐。不仅如此，他也会因此无法最大化地发挥和展现自己的才能。"爱迪生认为，正是勤于思考的好习惯，让他把自身更多的潜能开发出来。

伯德——一位NBA的传奇人物，历史上最杰出的篮球明星之一，他的成功也源自他自小养成的良好习惯。我们不得不承认，伯德并不是最具运动天赋的人。然而，正是天赋有限的伯德，率领波士顿凯尔特人队，三次登上了总冠军的领奖台，当之无愧地成为历史上最伟大的运动员之一。既然天赋有限，那这一切又是如何做到的呢？正是良好的习惯。早在加入 NBA 之前的少年时代，每天早晨，伯德总是先练习 500 次三分投篮，再去上学。有了这种习惯，不论天赋有多少，都有可能成为一个好的三分球投手。事实上，贯穿他整个职业生涯的，正是这些帮助他发挥出所有运动潜能的好习惯。

是的，一切的成功都是因为好习惯。不论是谁，当你养成了良好的习惯之后，你就已经走在了成功的大路上。只要你一直走下去，成功就一定会属于你。

然而事实却是，每个人都难免会有缺点和不足，会有一些阻碍成功的恶习，正像我们前面所说的那样，马虎粗心、消极被动、不思进取、爱发牢骚、不善合作、懒散懈怠、有始无终、不会巧干、不能坚持……有各种各样的阻碍我们成功的恶习。可以肯定的是，我们只有改掉这些恶习，形成良好的习惯，我们才能在职场上走得更顺，我们的工作、我们的人生才会有更多、更大的成功。那么，我们该怎样养成好习惯呢？下面的方法可以一试：

(1)用好的习惯代替坏的习惯。好的习惯让人立于不败之地，坏的习惯则让人从成功的宝座上跌下来。所以一定要注意别放纵自己的坏习惯，要用好习惯来代替坏习惯，让坏习惯消失。并且要养成时时注意自己的习惯、警惕坏习惯生成的习惯，才能及时地改掉坏习惯，形成好习惯。

好习惯的报酬就是成功。良好的习惯是成功的钥匙。其实，已经失败了的人和已经成功的人唯一不同的地方就在于他们的习惯不同，良好的习惯是成功的钥匙，坏习惯是失败的钥匙。所以，我们必须遵循的一个原则就是“养成良好的习惯”，并且竭尽全力地去执行。拿破仑曾经说过：“最好大声地对自己说，我要养成好习惯，我要全心去执行。”

(2)敢于承认自己的不良习惯。静下心来，使劲地揪出自己的不良习惯，然后，找出相对应的好习惯。认真地分析哪些要改掉？如何改掉？请注意，你的看法、态度越坚定，你的习惯培养或改正得越快。

(3)寻找榜样与标杆。找出自己的不良习惯后，就要下力气去改正，最直观的办法就是找一个标杆，然后，去揣摩，去模仿比较，要下定决心超过标杆。

(4)请人监督你的改正计划。向监督人或亲友许诺，通过他们的监督，也会得到不错的效果。

(5)潜意识输入法。将自己要改正的习惯或想养成的习惯，经常地输入到自己的头脑，潜意识会提醒你去做。

(6)信念强压法。坚定信念，强制自己必须这样做。同时，对自己说"我要去做"、"我能做到"，并且反复地行动。如果你能连续行动 21 天，你就会发现习惯已经基本培养起来了。

凡是渴望成功的人，都应该对自己平时的习惯做深刻的检讨，把那些妨碍成功的恶习一一找出来。正像我们前面所列举出的那些阻碍我们成功的坏习惯，我们要勇于承认自己身上的不良习惯，不要找借口搪塞。把它们记下来，对照它们引发的恶果，想想今后应该怎么做。若能持之以恒地纠正它们，一点一点地改掉它们，并形成有利于自己走向成功的良好习惯，那么，又有谁能挡住你走向成功呢?